Ukrainische
Volksmärchen
aus den grünen
Karpaten

DAS WUNDER DES STEINBERGES

Aus dem Ukrainischen
von
IRENE UEBERWOLF

Illustrationen
von
NADIJA PONOMARENKO

Kiew
Verlag Dnipro
1987

УФ
Д87

Originaltitel:
ДИВО КАМІННОЇ ГОРИ

1. Auflage
der deutschsprachigen
Übersetzung

Printed in the USSR

ISBN 3-85364-193-8

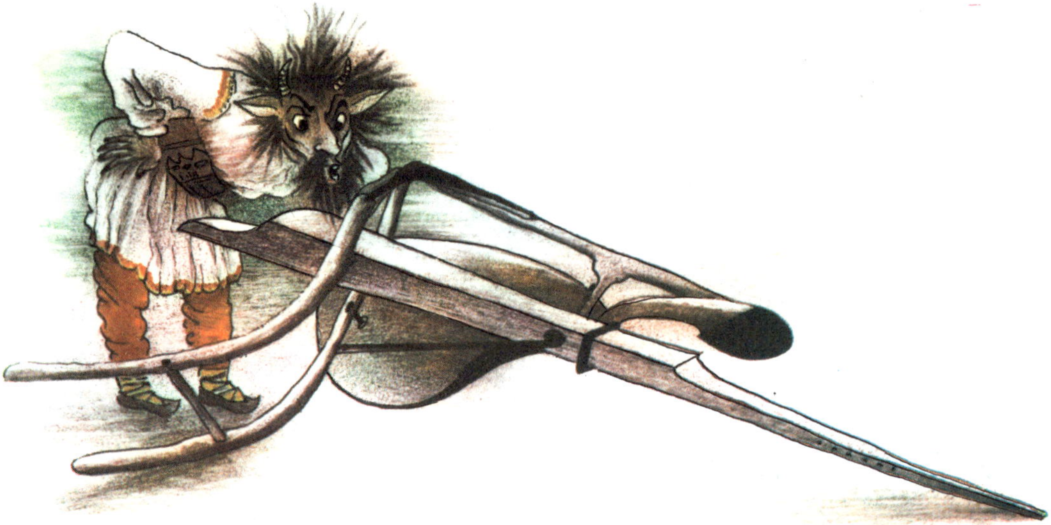

Das Wunder des Steinberges

Ich will euch ein Märchen von einem armen Mann erzählen, der drei Söhne hatte: Petro, Dmytro und den dummen Fedko. Die Söhne waren schon groß geworden, der arme Mann aber, der hatte einen so kleinen Acker, daß ein Hase mit einem Satz hätte darüber hinwegspringen können. In der Hütte herrschte bittere Not, und die war durch nichts zu lindern. Da konnte man sitzen und heulen oder stehen und brüllen.

Da ging der arme Mann zu einem Reichen und sprach: „Leihe mir doch deine Ochsen, das Fuhrwerk und den Pflug. Meine Söhne und ich wollen dir's vergelten, wenn du in Not bist."

„Dafür sollst du drei Tage lang meinen Acker jäten."

„Abgemacht."

Der arme Mann kam mit dem Fuhrwerk vor seinem Tor an und rief den ältesten Sohn herbei:

„Hinter dem Dorf ist der große Steinberg. Fahr hin, pflüge ihn und säe Weizen."

Petro fuhr zum Steinberg, holte den Pflug von der Fuhre herunter und fing an zu pflügen. Doch kaum hatte

er die erste Furche gezogen, da streckte sich eine schwarze, zottige Hand aus dem Steinberg heraus, die den Ochsen einen solch gewaltigen Hieb versetzte, daß sie samt dem Pflug kopfüber in den Abgrund stürzten.

Petro kehrte traurig nach Hause zurück und erzählte dem Vater, was ihm zugestoßen war.

Der arme Mann tobte:

„Raus aus meinem Haus! Komm mir zeit meines Lebens nicht mehr unter die Augen."

Petro warf seine Joppe über die Schulter und ging von dannen.

Der arme Mann begab sich zu einem anderen Reichen und lieh sich bei ihm Ochsen, Fuhrwerk und Pflug aus.

Darauf ließ er seinen mittleren Sohn Dmytro zu sich kommen und sprach:

„Du bist ein gescheiter Junge. Fahr zum Steinberg hinaus, pflüge und säe Weizen."

Der mittlere Sohn stieg aufs Fuhrwerk und war bald am Steinberg angelangt. Die gestern von Petro gezogene Furche war spurlos verschwunden. Dmytro krempelte die Ärmel hoch und machte sich an die Arbeit. Er zog die erste Furche rings um den Berg und schickte sich an, die zweite Furche zu ziehen. Kaum befand er sich neben dem Abgrund, da streckte sich wieder die schwarze, zottige Hand aus dem Steinberg heraus und schlug die Ochsen so wuchtig zwischen die Hörner, daß sie polternd in die Tiefe stürzten.

Dmytro war entsetzt. Was soll er seinem Vater sagen? Er wird ihn totschlagen!

Er warf sein Bündel über die Schulter und lief Petro hinterher.

Der arme Mann wartete auf Dmytros Rückkehr. Er war froh, daß der Steinberg nun doch gepflügt und besät wurde.

Das Wunder
des Steinberges

Der Tag ging zur Neige, der Sohn aber, der kam nicht heim. Die Frau des armen Mannes weinte, doch er tröstete sie:

„Weine nicht, liebe Frau, Dmytro will den ganzen Berg glattpflügen, darum ist er noch nicht zurück.“

Am andern Tag streckte der dumme Fedko seinen langen Hals hinterm Ofen hervor und sprach:

„Vater, Dmytro hat den Steinberg gar nicht gepflügt. Die Ochsen liegen in der Schlucht, und der Pflug ist entzwei, Dmytro aber ist Petro hinterhergelaufen.“

„Woher weißt du das, du Tölpel?“

„Nirgendwoher. Ich weiß alles...“

Der arme Mann ging zum Steinberg hinaus. In der Tiefe des Abgrunds sah er vier Ochsen und zwei zerbrochene Pflüge. Heimgekehrt, ließ er sich auf der Bank nieder und trauerte seinen beiden Söhnen nach. Die ganze Nacht über grämte er sich, da er nun bei den Reichen allein die Ochsen und die Fuhren abarbeiten mußte.

„Macht Euch keine Sorgen, Vater“, sprach Fedko, der am Ofen hockte. „Morgen will ich pflügen gehen, wenn Ihr mir ein Paar Ochsen gebt. Ich werde Weizen säen, meine Brüder finden und die Ochsen heimführen.“

Der arme Mann lieh sich noch ein Paar Ochsen und einen Pflug. Fedko setzte sich auf das Fuhrwerk und zog singend zum Steinberg hinaus. Als er in den Abgrund hinunterblickte, wurde er bleich wie Wachs: dort lagen die toten Ochsen und die zerschellten Pflüge. Nachdem er sich vom Schreck erholt hatte, machte er sich ans Pflügen. Er zog eine Furche und wollte schon mit der zweiten beginnen. Doch da streckte sich plötzlich eine schwarze, zottige Hand aus dem Berg heraus, die Anstalten machte, den Ochsen einen Schlag zwischen die Hörner zu versetzen. Fedko ließ die Zügel fallen und griff nach der Hand. Er umklammerte sie so fest wie eine Zange, und keine Kraft auf der Welt hätte sie ihm entreißen können. Nun fing er an, die Hand aus dem Berg herauszuziehen. Er zog und zog und ächzte dabei vor Anstrengung. Mit Mühe und Not zog er endlich einen Teufel heraus. Er faßte ihn am Schopf, schmetterte ihn auf den Boden und drückte ihn mit dem Knie nieder.

„Du Ausgeburt der Hölle, sag, warum bringst du soviel Unheil über rechtschaffene Leute? Nun ist es um dich geschehen!“

„Laß mich am Leben, Fedko", flehte der Teufel. „Mich juckt es schon längst in den Fingern..."

Fedko nahm ein kleines Messer aus der Tasche, schnitt dem Teufel den linken Ohrzipfel ab und steckte ihn hinter den Gürtel.

„Und nun, Satansbrut, will ich dich vor diesen Pflug spannen, und du sollst den Steinberg pflügen, damit dort goldener Weizen gedeiht."

„Ich pflüge nicht gern, Junge. Ich mache lieber etwas anderes..."

Aber Fedko hörte nicht auf ihn. Er nahm das Joch von den Ochsen herunter und spannte den Teufel ein. Hernach zog er dem Teufel eins mit der Peitsche über, daß jener aufheulte.

„Hü, hott, du Satansbrut!"

Der Teufel zog mühsam, daß ihm die Augen hervorquollen, den Pflug hinter sich her. Fedko aber hielt die Zügel und sang vor sich hin. Ob sie nur kurz oder lange gepflügt haben, weiß jetzt keiner mehr, jedenfalls wurde der Steinberg alsbald ganz eben und weich wie Gänsedaunen.

Der Schweiß strömte dem Teufel über den Leib.

„Fedko, hol geschwind die Saatkörner, indes will ich mich ausruhen", sprach der Teufel zu dem Jungen. „Aber rasch, denn ich habe noch andere Arbeit zu erledigen."

Fedko kam keuchend zu Hause an, pflanzte sich vor dem Tor auf und rief:

„Vater, bringt das Saatgut, aber schnell, denn der Teufel hat keine Zeit!"

Der Vater schleppte einen Sack voll Korn heran. Mehr wollte er nicht herausrücken, denn er fürchtete, Fedko würde es zugrunde richten.

Bald hatte der Teufel den Weizen in die Saatrillen ausgestreut und mit dem Schwanz den Acker geeggt.

Dann schnitt er eine Fratze und sprach zu dem Jungen:

„Gib mir meinen linken Ohrzipfel zurück."

„Einen Rippenstoß willst du wohl nicht? Mach, daß Petro und Dmytro sofort wieder hier sind, sonst wirst du dein blaues Wunder erleben!"

„Nein, nur das nicht, Fedko! Ich mache alles so, wie du es befiehlst."

Im selben Augenblick kam ein furchtbarer Sturm auf. Ein eisiger Wind tobte. Der Teufel setzte sich rittlings auf den Wind und jagte davon. Es dauerte gar nicht lange, da kam er mit Petro und Dmytro zurück.

„Hier hast du deine Brüder", sprach er, „und nun gib mir meinen Ohrzipfel!"

„Ach, du törichter Narr, warum hast du die Pflüge kaputt gemacht? Mach, daß sie nagelneu wieder hier stehen. Und die Ochsen auch!"

Der Teufel schlug einen Purzelbaum und verschwand im Abgrund. Ein Weilchen später war er mit lebendigen Ochsen und funkelnagelneuen Fuhrwerken wieder da.

„Jetzt gib mir meinen linken Ohrzipfel zurück", ächzte der Teufel.

Fedko holte das Stückchen Fell hinter dem Gürtel hervor, versetzte dem Teufel einen Fußtritt und rief:

„Verschwinde! Daß du nur noch in Schluchten und auf dem Moorland umherirrst, denn sonst kriegst du es mit mir zu tun!"

Der Teufel schnappte nach seinem Ohrzipfel und gab Fersengeld.

Die Brüder stiegen auf das Fuhrwerk und kehrten heim. Der arme Mann war sehr froh, als er sie wiedersah. Petro und Dmytro setzten sich an den Tisch und erzählten ihre Abenteuer, Fedko jedoch streckte sich auf der Ofenbank aus und spielte mit der Katzc.

Am nächsten Tag ging der arme Mann zum Steinberg hinaus, um nachzuschauen, ob die Arbeit auch gut gelungen war. Er blieb wie angewurzelt stehen und traute seinen Augen nicht: der Weizen war schon reif! Die Halme waren von Silber und die Ähren von Gold.

Er lief nach Hause und rief:

„He, meine Söhne, holt die Sensen und rasch zum Steinberg! Bei uns ist schon Erntezeit!“

Petro und Dmytro machten sich an die Arbeit, Fedko aber war nicht hinter dem Ofen hervorzulocken.

Ich weiß nicht, was weiter war, denn im Märchen wird davon nichts erzählt.

Die diamantene Mauer

Das ist nun schon lange her, da gab es noch keine Eisenbahn, und die reichen Herren quälten die Leute, schlugen und mißhandelten sie und fürchteten weder Gott noch den Teufel. Nur vor der Pest hatten sie Angst, denn die raste wie eine Furie durch die Welt. Und wo sie sich blicken ließ, da verließen sogar die reichsten Leute ihre Häuser und eilten davon wie gehetzte Hasen.

Einen reichen Gutsherrn traf die Pest zu Hause an. Der Mann konnte sich mit seiner Frau retten, denn sie waren auf einen Baum geklettert und warteten dort ab, bis sie sich in ihrem Haus ausgetobt hatte. Die Pest hatte alle Kinder des Gutsbesitzers hinweggerafft. Der Gutsbesitzer und seine Frau grämten sich sehr. Sie beerdigten ihre Kinder und lebten fortan in großer Trauer. Tage vergingen, Wochen und Monate, doch im Haus waren keine Kinderstimmen mehr zu vernehmen.

Einmal kehrten der Gutsbesitzer und seine Frau vom Jahrmarkt heim, und da erblickten sie im Straßengraben ein Kind.

„Wessen Junge ist das?" fragte der Gutsherr die Leute.

„Seinen Vater und seine Mutter hat die Pest geholt."

„Und was macht das Kind im Graben?"

„Es stirbt vor Hunger."

„Ich will mich seiner annehmen."

Er setzte das Kind in die Kalesche und fuhr nach Hause. Die Frau badete den Jungen, fütterte ihn und zog ihm schmucke Kleider an. Das Kind war nun gar lieblich anzusehen. Einige Jahre später widerfuhr dem Jungen ein Unglück — er erblindete. Der Gutsbesitzer und seine Frau verfielen abermals in Trauer. Da sprach die Frau:

„Wozu brauchen wir ein fremdes und obendrein noch blindes Kind? Fortan soll es im Stall schlafen."

Der Herr brachte es jedoch nicht fertig, den Jungen aus dem Haus zu vertreiben. Er richtete ihm in einer Ecke das Nachtlager her und fütterte ihn aus einer alten Schüssel. Der Junge lief verwahrlost umher, und niemand wollte mehr mit ihm reden.

Der Gutsherr hatte sich nun zu seinem Vergnügen ein Gewehr gekauft und ging auf die Jagd. Einmal geriet er in einen finsteren Wald. Wie vom Himmel gefallen stand plötzlich ein Hirsch vor ihm. Der Mann drückte ab, verfehlte jedoch das Ziel. Er schoß abermals — vergeblich. Als er zum drittenmal abdrückte, wandte sich der Hirsch zu ihm um, denn er hatte gar nicht vor zu fliehen. Da erzürnte der Mann. Er zielte noch einmal, doch es fiel kein Schuß, denn ein Teufel hielt sein Gewehr fest, ein anderer klammerte sich an seinem Arm und ein dritter an seinem Bein fest. Der Gutsherr stürzte zu Boden.

Die Teufel ließen ihn nicht lange liegen, sondern schleppten ihn in die Hölle und warfen ihn dort in eine Grube. Den ganzen Tag über saß nun der Mann in der Grube, den andern auch, und am dritten Tag rief er die Teufel herbei:

„Laßt mich nach Hause gehen, meine Herren, denn meine Frau und mein blinder Junge sind bekümmert und weinen.“

Der oberste Teufel erwiderte:

„Ich lasse dich laufen, aber zuerst mußt du deine Unterschrift und dein Siegel darunter setzen, daß du nun zeit deines Lebens zu uns gehörst. Wenn zwei Wochen um sind, wird vor deinem Haus ein furchtbares Gewitter donnern, da werde ich kommen, um dich zu holen.“

„Wie es Euch beliebt, gnädiger Herr“, erwiderte der Mann kleinlaut. „Ich setze meine Unterschrift und mein Siegel darunter, denn ich möchte so gern nach Hause.“

Der Teufel brachte das Schriftstück, eine Feder und ein Tintenfaß. Der Gutsherr setzte, ohne zu lesen, was er da unterschrieb, seinen Namen darunter.

Nach Hause zurückgekehrt, wandelte er mehrere Tage lang in seinem Haus und in seinem Garten umher und ging auf seinen Acker hinaus — er konnte sich einfach nicht sattsehen. Doch alsbald versank er in Trübsinn. Eine fahle Blässe überzog sein Gesicht, er aß und trank nichts mehr und sah sehr mitgenommen aus.

„Warum bist du so traurig, mein Mann?“ fragte ihn die Frau.

„Wie soll ich nicht traurig sein, wo ich doch den Teufeln meine Unterschrift gegeben habe, daß ich in zwei Wochen für immer ihnen gehöre. Ich bin der Pest entronnen, aber den Teufeln werde ich wohl nicht entgehen. Ich würde lieber sterben, als in die Hölle zurückkehren. Rette mich doch, Frau!“ Die Frau schwieg. Sie rührte die Arbeit nicht mehr an, weil sie immerfort überlegte, wie ihrem Mann zu helfen war.

Im Nu waren die zwei Wochen verstrichen. Der letzte Tag brach an. Der Mann ging gar nicht erst zu Bett, weil

er wußte, daß er ja doch keinen Schlaf finden würde. Er saß auf einem Stuhl und klapperte vor Angst mit den Zähnen. Plötzlich brauste, donnerte und heulte es draußen los. Ein schrecklicher Wirbelsturm kam auf, der das Dach des Hauses davonzutragen drohte.

Irgend jemand pochte ans Fenster und sprach:

„Es ist an der Zeit, komm heraus!"

Da sagte das Weib zu seinem Mann:

„Schick Iwanko hinaus, soll er doch nachsehen, ob der Wind nicht das Dach vom Stall abgerissen hat."

Der Mann hatte begriffen. Er nahm den Jungen bei der Hand und führte ihn zur Tür:

„Lauf nachschauen, ob der Stall nicht offensteht."

Sprach's und stieß den Jungen zur Tür hinaus. Der Sturm hob den Knaben wie ein Strohhälmchen empor und trug ihn davon.

Eine Zeitlang flog Iwanko dicht unter den Wolken. In einem breiten Tal setzte ihn der Wind ab, verwandelte sich in einen Teufel und fragte den Jungen:

„Bist du jener Herr, der uns seine Unterschrift gegeben hat?"

„Nein, ich bin der blinde Iwanko. Der Herr hat mich im Straßengraben gefunden und sich meiner angenommen, doch seit ich blind bin, gibt mir die Herrin kein menschenwürdiges Essen mehr."

„Folge mir", sprach der Teufel und führte den Jungen zu einem Brunnen. Er schöpfte eine Handvoll Wasser und spritzte es ihm in die Augen.

„Schau mal her, Junge!"

Iwanko riß die Augen auf und jauchzte.

„Ich kann wieder sehen! Bin ich nicht mehr blind?"

„Nein, aber dafür mußt du uns dienen", krächzte der alte Teufel.

Der Junge war sehr froh.

Da führte ihn der Teufel in einen Stall und zeigte ihm drei Hengste:

„Dem Schwarzen sollst du jeden Tag als Futter drei Eimer glühende Kohlen geben und drei Peitschenhiebe versetzen. Der Weiße soll zwei Eimer glühende Kohle und zwei Peitschenhiebe bekommen, der Graue aber nur einen Eimer glühende Kohlen und weiter nichts."

Der Teufel gab Iwanko eine Peitsche und ging mit ihm zu einem Brunnen, um den ringsherum allerlei Kräuter wucherten. Das Wasser schimmerte nur schwach hindurch.

„An diesen Brunnen tritt nur nicht heran und schöpf auch kein Wasser daraus."

„Was sollte ich auch mit dem Wasser anfangen?" entgegnete Iwanko gleichgültig.

Danach traten sie an drei Kessel heran. Der Teufel klopfte mit einem Stock an den größten Kessel und sprach:

„Hier mußt du immer tüchtig Holz nachlegen, damit es ständig brodelt, doch unter diesen beiden sollst du das Feuer nur ein wenig schüren. Untersteh dich nicht zu ergründen, wer darin kocht."

„Darüber braucht Ihr Euch keine Sorgen zu machen, mein Herr, ich mach alles so, wie Ihr es befehlt."

Der Teufel ließ den Jungen allein. In der Hölle herrschte eine solche Hitze, daß Iwanko vor Durst die Zunge am Gaumen klebte. Er verging fast vor quälendem Durst. Da trabte er zum Brunnen und schöpfte mit der Hand Wasser, um sich sattzutrinken. Als er die Hand herausnahm, sah er, daß sie vergoldet war.

‚Ei, was für ein Wunderding!' dachte er und steckte den Kopf in den Brunnen. Auch der Kopf ward golden. Er zog nun die Mütze tief in die Stirn und ging zu den Kesseln zurück.

Im größten Kessel dampfte es nicht mehr. Der Junge legte Holz nach und setzte sich hin, um zu verschnaufen. Doch er fand keine Ruhe, denn die ganze Zeit juckte es ihn zu erfahren, wen die Teufel da kochten. Schließlich stellte er sich auf einen Holzstapel und guckte in den Kessel: dort zappelten in siedendem Pech sein Herr und seine Herrin. Sie hatten den Jungen erkannt und flehten ihn an:

„Iwanko, lösch das Feuer, denn uns fallen schon die Knochen auseinander."

„Was, das Feuer soll ich löschen? Nie werde ich das tun!"

„Warum müssen wir so furchtbar büßen, Iwanko?"

„Weil ihr mich dem Teufel ausgeliefert habt."

„Wie lange müssen wir hier noch kochen?"

„Bis ihr zerkocht seid!"

Iwanko legte Holz nach und ging zu den Hengsten.

Im Stall fand er die Peitsche, schwang sie und knallte damit in der Luft. Der graue Hengst fragte:

„Warum willst du uns schlagen?"

„Ich weiß nicht. Der oberste Teufel hat es befohlen."

„Höre nicht auf den Beelzebub, Iwanko. Schlage uns nicht, denn wir haben eine Seele wie du. Irgendwann wird dich der Teufel auch in ein Pferd verwandeln, mit glühenden Kohlen füttern und mit der Peitsche schlagen. Laß uns fliehen. Schwing dich auf meinen Rücken, und schon sind wir beide fort..."

Der Junge überlegte eine Weile und willigte ein.

„Zuerst mußt du uns aber losbinden, denn auch die anderen Pferde sind alles rechtschaffene Leute."

Iwanko band die Pferde los und ließ die ganze Herde aus dem Stall. Er stieg auf das graue Pferd, welches losstürmte, daß es in der Hölle dröhnte. Die anderen Pferde

Die diamantene Mauer

galoppierten hinterher. Wie von Sinnen jagten sie durch Fluren und Wälder, durch Schluchten und über Berge.

Der oberste Teufel hielt gerade sein Mittagsschläfchen. Ein fürchterliches Geschrei in der Hölle weckte ihn auf.

„Was ist los?“ erkundigte er sich.

„Die Pferde sind geflohen, und zusammen mit ihnen auch der blinde Junge.“

Der Teufel sprang wie von der Tarantel gestochen von seinem Lager auf und nahm die Verfolgung auf. Wo er aufstampfte, bekam die Erde Risse. Iwanko brannten die Schultern vom Feueratem des Teufels. Er konnte den Schmerz nicht länger ertragen und sprach:

„Liebes Pferdchen, die Schultern brennen mir so sehr. Der Teufel holt uns ein. Was sollen wir nur tun?“

„Keine Angst, Iwanko, halte noch ein Weilchen durch. Hole aus meinem rechten Ohr zwei Handtücher heraus. Wenn sich der Teufel uns nähert, so wirf ihm eins davon an den Kopf!“

Als der Teufel schon ganz nahe war, warf ihm Iwanko das Tuch entgegen. Es war aber kein gewöhnliches Handtuch, denn es wickelte sich um des Teufels Kopf, so daß er über einen Stein stolperte und auf die Nase fiel. Geschwind fing er an, das Tuch loszuwickeln. Doch das war nicht so leicht, denn es drehte und wand sich wie eine Schlange. Endlich gelang es dem Teufel, das Tuch abzustreifen, doch sofort schlang es sich um seine Beine und verknüpfte sich zu einem Knoten. Der Teufel fiel abermals auf die Nase. Ehe er den Knoten löste, war Iwanko schon weit weg. Wie ein Besessener setzte ihm der Teufel nach. Und wieder war er ihm dicht auf den Fersen. Iwanko sprach:

„Liebes Pferdchen, der Teufel versengt mir schon die Schultern. Was sollen wir tun?“

„Wirf ihm das zweite Tuch entgegen!“

Der Teufel war schon ganz nahe, als ihm Iwanko das zweite Handtuch entgegenwarf. Wieder hatte der Beelzebub seine Plage mit dem Tuch — es hatte ihm die Sicht genommen, so daß er sich wie besessen im Lehm und im Sumpf hin- und herwälzte. Bald sah er wie ein schmutziges Ferkel aus. Vor Wut stampfte er mit den Füßen. Mit heraushängender Zunge setzte er den Flüchtlingen nach. Und wieder versengte ein höllisches Feuer Iwankos Schultern. Der Junge schrie:

„Liebes Pferd, es brennt so stark, daß mir scheint, ich muß lebendigen Leibes verbrennen. Was sollen wir tun?"

„Hole aus meinem linken Ohr eine Peitsche heraus."

„Schon herausgeholt, Pferdchen."

„Wirf sie dem Teufel zwischen die Beine!"

Das tat er auch. Oh, wie die Peitsche auf den Teufel einherschlug! Jener winselte laut. Doch die Peitsche sauste immer wieder auf den Teufel nieder. Der Böse sah, daß gegen die Peitsche nicht anzukommen war und rannte in die Hölle zurück, so schnell ihn die Beine trugen.

Alsbald erreichte Iwanko die Hauptstadt. Das Pferd hielt, schnaubte und sprach:

„Hier wollen wir uns trennen, Iwanko. Reiß aus meiner Mähne drei Haare heraus. Wenn du in Not gerätst, dann streiche über ein Haar, und ich eile herbei, um dir zu helfen."

Das Pferd flog davon. Iwanko aber hielt die Haare in der Hand fest. Dann zog er los, um sich nach einer Arbeit umzusehen, denn er hatte großen Hunger bekommen. Aber wo er auch einkehrte, überall mieden ihn die Leute:

„Er ist nicht so wie alle. Wie aus Gold..."

Am andern Tag kam er am riesigen königlichen Garten vorbei. Er sah dort den Gärtner, grüßte ihn mit einer tiefen Verbeugung und fragte:

Die diamantene Mauer

„Gibt es keine Arbeit für mich?“

„Worauf verstehst du dich?“

„Auf alles, was Ihr nur sagt.“

„Dann stutze die Bäume und Sträucher. Doch wehe, wenn sie eingehen, das würde dich den Kopf kosten.“

Iwanko ging mit der Schere durch den Garten und stutzte die Bäume und Sträucher. In jenem Garten wuchsen drei Blumen, die die Prinzessin sehr gern hatte. Sie kam jeden Morgen und erfreute sich an deren Anblick. Nun geschah es, daß Iwanko diese drei Blumen dabei verletzte. Sie ließen ihre Köpfchen hängen und verwelkten.

Der Bursche wurde traurig. Abends fand er keine Ruhe und konnte nicht einschlafen. Denn wenn die Prinzessin erfährt, daß ihre Blumen verwelkt sind, reißt ihm der Gärtner den Kopf ab. Er ging in den Hof hinaus und rieb das Pferdehaar. Im selben Augenblick kam das Pferd herbeigeflogen und fragte:

„Was möchtest du, mein Freund?“

„Ich bin in großer Not, liebes Pferdchen. Ich möchte, daß der Zaun, der den königlichen Garten umgibt, morgen früh zu einer diamantenen Mauer wird.“

„Es wird so sein, wie du befiehlst. Geh nur ruhig schlafen.“

Das Pferd eilte davon, und Iwanko fiel bald darauf in den Schlaf. In der Frühe erblickte er rings um den königlichen Garten eine hohe diamantene Mauer, die so sehr funkelte, daß man gar nicht hinschauen konnte. Der Gärtner ging an ihr entlang und traute seinen Augen nicht.

Alsbald erschien auch die Prinzessin. Sie erblickte die Mauer und war so entzückt, daß sie ihre Blumen ganz vergaß.

„Wer hat diese Mauer gebaut?“ fragte sie den Gärtner.

Der Gärtner verbeugte sich vor ihr und erwiderte: „Das weiß ich nicht. Fragt meinen Gehilfen."

Man rief Iwanko herbei.

„Wie heißt du?" fragte die Prinzessin.

„Iwanko."

„Hast du diese diamantene Mauer gebaut?"

„Jawohl."

„Wie hast du das fertiggebracht?"

„Ich weiß eine Kraft, die imstande ist, diamantene Mauern zu errichten."

„Willst du mit mir spazierengehen?" lud ihn die Prinzessin ein.

Das Mädchen hörte sein Herz schneller schlagen als gewöhnlich. Es hatte sich auf den ersten Blick in Iwanko verliebt, so daß es die diamantene Mauer gar nicht mehr beachtete.

Am nächsten Tag tat der König allen Leuten auf der Erde kund, daß sich seine einzige Tochter vermählen wollte. Derjenige, der ihr den schönsten Blumenstrauß schenkt, soll ihr Mann werden.

Aus aller Welt trafen nun im königlichen Schloß die herrlichsten Blumensträuße ein.

Iwanko ließ den Kopf hängen. Auch er war in die junge Prinzessin verliebt. Er irrte im Garten umher und sehnte sich danach, daß sie wenigstens für ein Weilchen zu ihm käme. Endlich trafen sie sich. Die Prinzessin sprach:

„Ohne deine Blumen wird es keine Hochzeit geben."

Ehe Iwanko etwas sagen konnte, war sie schon im Schloß verschwunden.

Als es dämmerte, rieb Iwan das zweite Haar. Das aschgraue Pferd kam herbeigeflogen.

„Was wünscht mein Freund?" erkundigte es sich bei dem Jungen.

„Morgen früh möchte ich einen Blumenstrauß haben, wie man ihn noch nie zuvor auf der ganzen Welt gesehen hat."

„Mach dir keine Sorgen. Es wird so sein, wie du befiehlst. Geh und leg dich schlafen."

Das Pferd flog davon, und Iwanko begab sich zur Ruhe. Als er morgens erwachte, stand ein wunderschöner Strauß auf dem Tisch. Welche Blumen es da nur gab! Weiße, gelbe, rote, blaue. Die allerverschiedensten. Aber sie waren nicht von der Art wie die anderen Blumen. Sie strahlten solch ein klares Licht aus, wie es nur die Sonne hervorbringen kann.

Iwanko trug den Strauß ins Schloß und legte ihn zu den anderen.

Der König hatte nun verkünden lassen, daß sich alle, die Blumensträuße geschickt hatten, am nächsten Tag im Schloß einfinden mögen.

Iwanko verzagte. In welchen Kleidern wird er vor die Herren treten?

Da rieb er das dritte Haar. Das aschgraue Pferd kam sofort herbeigeflogen.

„Mein Freund, was möchtest du?"

„Ich bin in großer Not, liebes Pferdchen. Ich muß solche Kleider haben, wie sie nicht einmal die reichsten Prinzen besitzen."

„Sei nicht traurig, geh und leg dich schlafen. Morgen früh sollst du alles haben."

Das Pferd flog davon. Iwanko hatte gut geschlafen, und am andern Morgen sah er auf der Bank die Kleider liegen, die er sich gewünscht hatte. Er zog sich rasch an und ging ins Schloß. Dort hatten sich bereits allerlei Könige, Prinzen und Fürsten eingefunden.

Iwanko verbeugte sich vor dem König, der Königin

und der Prinzessin. Dann trat er beiseite und wartete, was sich weiter ereignen würde.

Der König erhob sich vom Thron und sprach:

„Liebe Gäste, nehmt eure Sträuße, denn meine Tochter will sich ihren Bräutigam aussuchen."

Alle befolgten das Geheiß des Königs.

Die Blumen der Könige, Fürsten und Prinzen waren schon ganz verwelkt, nur Iwankos Strauß strahlte wie die Sonne. Er selbst war so schön anzusehen, daß es gar nicht zu beschreiben ist.

Die Prinzessin ging auf die jungen Männer zu, die sich um ihre Gunst bewarben, besah sich deren Sträuße und schwieg. Dann schritt sie zu Iwanko und sprach:

„Dieser Strauß gefällt mir am besten..."

Noch am selben Tag wurde die Hochzeit gefeiert.

Zu dieser Zeit war auch ich in der Hauptstadt des Königreichs. Das ganze Schloß dröhnte von der Musik, und da kehrte ich ein, um das junge Paar zu beglückwünschen. Ich wurde an die Hochzeitstafel geladen und reichlich bewirtet, damit ich's den Leuten weitererzählen kann.

Die drei Körner und ihre Gaben

Es lebte einmal in einem Dorf ein reicher Gutsherr. Er nannte so viele Fluren, Wälder, Tiere und sonstigen Reichtum sein eigen, daß ihn sogar ein König darum hätte beneiden können. Jenem Herrn diente der arme Maxym. Der Knecht lebte in einer Hütte mit nur einem kleinen Fenster. Der Wind hatte das Stroh vom Dach gerissen, und wenn es regnete, rann das Wasser von den Wänden. In dieser Hütte wohnte Maxym mit seiner ganzen Familie. Sie war groß, doch zu essen gab es wenig.

Das Frühjahr hielt Einzug. Es mußte gesät werden, doch im Sack war kein einziges Körnchen.

Die Frau war sehr betrübt und weinte.

„Die Leute haben schon alle gesät, wir aber haben noch nicht einmal gepflügt. Tu doch was, Mann, denn sonst werden wir das nächste Jahr nicht mehr erleben!"

„Gräme dich nicht", entgegnete Maxym. „Ich will zum Herrn gehen und ihn bitten, uns ein wenig Saatgut zu leihen. Wir säen es, und nächstes Jahr werden wir unser eignes haben."

„Dann lauf rasch hin zu ihm."

Maxym ging zu dem Herrn, stellte sich vor dessen Tür und sprach:

„Gnädiger Herr, es hat sich so ergeben, daß ich nichts habe, womit ich mein Stückchen Acker bestellen könnte. Gebt mir ein wenig Saatgut, damit meine Kinder nicht Hungers sterben."

Der Herr sah ihn böse an und brüllte los:

„Wer etwas haben will, muß arbeiten!"

„Ich arbeite ja auch so Tag und Nacht bei Euch."

„Rede keinen Unsinn, du Faulenzer!"

Maxym kehrte gesenkten Hauptes heim. Er erzählte seiner Frau, wie der Herr mit ihm umgegangen war.

Draußen schien die Sonne. Die Vöglein waren aus den warmen Ländern zurückgekehrt, und überall ging es lustig zu. Maxym aber saß mit seiner Frau vor der Hütte und grämte sich, denn die Kinder waren hungrig und entkräftet.

Da kamen plötzlich zwei Schwalben herbeigeflogen und begannen unter dem Strohdach von Maxyms Hütte ein Nest zu bauen. Maxym erblickte sie und sprach:

„Ihr armen Schwalben, was baut ihr euer Nestlein unter einem solch schäbigen Strohdach? Sobald es regnet, werden eure Kinderchen ertrinken."

Doch die Schwalben verstanden die Sprache der Menschen nicht, und hätten sie etwas verstanden, so schwiegen sie doch. Sie bauten ihr Nestlein, polsterten es mit Flaumfedern aus, legten Eier und brüteten eine ganze Schar kleiner Schwälbchen aus. Rings um Maxyms Hütte spielte sich jetzt ein so fröhliches Leben ab, daß einem das Herz im Leibe lachte. Aber einmal kam eine riesige Schlange angekrochen und schlich sich an das Schwalbennest heran. Die Kinder riefen in großer Angst:

„Vater, eine Schlange will unsere Schwälbchen auffressen!"

Die drei Körner
und ihre Gaben

Maxym lief auf den Hof, packte einen Stock, und es begann ein Kampf auf Leben und Tod. Er schlug der Schlange solange aufs Rückgrat, bis es zerbrach. Sie schleppte sich mühsam fort in eine finstere Schlucht und ward nicht mehr gesehen. Doch hatte die schreckliche Schlange drei Schwälbchen gefressen, nur das vierte Vöglein konnte gerettet werden. Aber es hatte auch argen Schaden genommen, denn während des Kampfes ward ihm ein Beinchen gebrochen.

Maxym brachte das Vöglein in die Hütte, und die Kinder pflegten und fütterten es. Als es flügge war, ließen sie es ins Freie hinaus, damit es Mutter und Vater fände.

Der Sommer verging, und der Herbst stellte sich ein. Die Schwalben zogen in warme Länder. Bald war die Erde mit Schnee bedeckt. Doch auch der Winter verstrich, und die Vöglein kehrten zu ihren Nestern zurück.

Indes herrschte in Maxyms Hütte so große Not, daß sie weder aus noch ein wußten.

Doch da klopfte eine Schwalbe mit ihrem Flügel ans Fenster.

Maxym trat hinaus und fragte:

„Was möchtest du, liebes Vöglein?"

Die Schwalbe legte ihm ein Körnchen in die Hand und zwitscherte:

„Säe es vor der Tür."

Nach einer Weile kam sie wieder herbeigeflogen.

Legte ihm ein zweites Körnchen in die Hand:

„Säe es vor dem Fenster."

Flog fort und kehrte mit dem dritten Korn zurück:

„Säe es vor dem Brunnen."

Maxym dankte herzlich und tat, wie ihn die Schwalbe geheißen. Er säte die drei Körner und wartete auf die Ernte. Am nächsten Tag standen die Kinder in aller Frühe

auf und liefen hinaus. Doch bald kamen sie ganz verwirrt und aufgeregt wieder in die Hütte zurückgelaufen.

„Vater, vor unserer Hütte ist etwas Wundersames gewachsen!"

„Ihr träumt wohl mit offenen Augen!"

„Nein, Vater, schaut doch selbst."

Maxym trat hinaus und sah: vor der Tür, unter dem Fenster und am Brunnen lagen drei riesengroße Kürbisse. Er wollte sie hochheben — i wo! — dazu brauchte man eine Riesenkraft. Die Kürbisse waren schon reif und strahlten wie die Sonne.

„Mach das Feuer im Ofen an, Frau", sprach Maxym freudig, „koche zum Mittagessen Kürbisbrei."

Er rollte einen Kürbis in die Hütte und wetzte das Messer. Als er ihn durchgeschnitten hatte, traute er seinen Augen nicht: drinnen fand er Weißbrot, Kuchen, Schafkäse, Fleisch, Wurst und Eingesalzenes, Gesottenes und Gebratenes, Süßes, Saures und Bitteres und obendrein noch eine Flasche Rum. Maxym legte alles auf den Tisch, doch der Kürbis wurde und wurde nicht leer.

Als sie sich sattgegessen hatten, deckte die Frau den wundersamen Kürbis mit einem weißen Tuch zu. Maxym rollte den zweiten in die Hütte. Er zerteilte ihn und fand Kleider vor, wie sie die vornehmsten Herren wohl nicht gesehen hatten: Seidenhemden, neue Schuhe, allerlei Unterwäsche, Perlen und Korallen. Es war alles da, was Maxym, seine Frau und seine Kinder sich nur wünschen konnten. Die Frau brach vor Freude in Tränen aus und bedeckte den Kürbis mit der schönsten Tischdecke.

Maxym rollte nun den dritten Kürbis in die Hütte. Er schnitt ihn durch und erschrak: es kullerten lauter Goldstücke heraus. Er füllte eine Truhe voll damit, und die Frau bedeckte den Kürbis mit einem Tuch.

„Jetzt braucht ihr Kinderchen nicht mehr zu hungern, und ich muß mich nicht mehr für den geizigen Herrn abrackern", sprach Maxym freudig.

Seine Kinder und seine Frau waren nun hübsch gekleidet, und er selber ging stolz durch das Dorf — ein Herr, kein Knecht mehr. Einige Tage darauf begann er sich ein Haus zu bauen.

Die Leute wunderten sich, woher der arme Maxym wohl solchen Reichtum haben mochte. Jemand trug es dem Herrn zu. Da kam der Herr und fragte:

„Sag, Maxym, woher hast du das Vermögen?"

Maxym erwiderte:

„Herr, ich habe nichts gestohlen, und keiner hat sich um meinetwillen abgeplagt. Eine kleine Schwalbe hat es mir gebracht." Darauf erzählte er, wie sich alles zugetragen hatte.

Der Herr hörte Maxym zu und ging in seinen Palast zurück. Ihn peinigte nun das Verlangen, noch reicher zu werden. Er baute unter der Dachrinne ein Schwalbennest und lockte die Vögel an. Nun geschah es, daß zwei Schwalben in das Nest hineinflogen, Eier legten und sie ausbrüteten. Als die Jungen ausgeschlüpft und etwas herangewachsen waren, hielt der Herr nach der Schlange Ausschau. Doch die Schlange kam nicht. Der Herr erzürnte, denn bald waren die Vögel flügge, und dann würde er sie nicht mehr einfangen können!

Da stellte er eine Leiter an die Palastwand und kletterte zum Nest hinauf. Statt der Schlange brachte er selbst die Vögel um, außer einem, den er am Bein verletzte. Dieses Vöglein trug er in seinen Palast und umsorgte es den ganzen Sommer über. Im Herbst ließ er es fliegen, damit es in die warmen Länder zöge.

Der Herbst und der Winter vergingen. Der Früh-

ling hielt Einzug. Die Vögel kehrten aus den warmen Ländern zurück. Vor dem Palast schwirrte eine Schwalbe umher. Der Herr lief hinaus und fragte sie:

„Welche Gaben hast du mir mitgebracht, Schwalbe?“

Sie gab ihm drei Körner und zwitscherte:

„Säe sie vor der Tür, vor dem Fenster und vor dem Brunnen.“

„Dank dir, Vöglein. Jetzt werde ich reicher als der König!“

Beim Herrn wuchsen ebensolche riesengroßen Kürbisse heran.

Er nahm ein Beil und hieb einen davon durch. Da flog ein ganzer Schwarm Heuschrecken heraus. Sie fielen über seine Felder her und fraßen alles auf, was dort wuchs.

Da zerteilte er den zweiten Kürbis. Mit einem fürchterlichen Knall brach Feuer hervor. Zuerst ging der Palast in Feuer auf und dann auch das ganze Anwesen.

Den dritten Kürbis zu zerteilen wagte er nicht, denn er nahm Reißaus und ließ sich in dieser Gegend nie mehr blicken. Die Leute sagen, darin wäre ein ganzes Knäuel von Ottern gewesen, die herauskriechen würden, sobald der Herr zurückkehrt und erneut schalten und walten will.

Maxym aber lebte vergnügt bis an sein Lebensende.

Brüderchen Pilz und Schwesterchen Beeren

In uralten Zeiten stand vor einem Eichenwald eine kleine Hütte, und darin wohnte der Waldhüter mit seiner Frau. Sie hatten drei Töchterlein, die gar lieblich anzusehen waren, und ein schwarzäugiges Bübchen. In der Familie herrschten Liebe und Eintracht. Der Waldhüter war ein frohmütiger Mann, und seine Frau blühte inmitten ihrer Kinder wie eine Blume.

Im Wald klettert das Unglück nicht auf die Bäume, sondern es schleicht auf allen Pfaden an die Menschen heran. Es mied auch die Hütte nicht: den Förster befiel eine schwere Krankheit. Vor der Hütte stand der Gevatter Tod und lauerte, und gegen ihn ist noch kein Kraut gewachsen.

Der Förster rief seine Kinder zu sich und sprach:

„Bald wird mich der kühle Rasen bedecken. Lebt wohl. Und merkt euch, daß Eintracht und Gesundheit der größte Reichtum sind. Liebt einander und kränkt euch nie..."

Darauf verschied der arme Mann. Man trug ihn zu Grabe, und zusammen mit ihm auch das ganze Glück der Familie. Die Frau weinte bittere Tränen und fragte sich, was sie jetzt mit ihren kleinen Kindern anfangen solle.

Die Mädchen trösteten sie:

„Grämt Euch nicht, liebe Mutter, irgendwie werden wir's schon schaffen. Wir werden in den Wald gehen und Beeren und Pilze sammeln."

Die Tage verstrichen in Trauer und Gram. Die Frau war ganz schwach und elend geworden. Da rief sie ihre Kinder herbei und sprach zu ihnen:

„Wenn ich von euch scheide, dann geht nicht weit in den Wald hinein, denn dort wohnt eine böse Hexe, die so gefährlich ist wie eine Schlange. Sie fängt sich kleine Mädchen und macht sie zu Sklavinnen."

„Gut, Mutter, wir werden nicht in den Wald gehen..."

Alsbald starb auch die Frau des Waldhüters. Die Waisenkinder klagten lange um ihre Mutter. Hernach machte sich der Junge einen Bogen, ging auf Jagd und sammelte Pilze, während die Mädchen Beeren nach Hause brachten. Und so nannten die Leute sie auch Schwesterchen Beeren und Brüderchen Pilz.

Die Lenze vergingen, und die Winter strichen dahin. Die Kinder waren schon groß geworden. Die Schwesterchen Beeren waren so hübsch, wie sie kein Dichter besingen und kein Maler malen könnte. Und das Brüderchen Pilz war zu solch einem prächtigen Jüngling herangewachsen, daß die Vöglein begeistert zwitscherten, wenn er durch den Wald ging.

Die böse Hexe hatte von den Schwesterchen Beeren Tag und Nacht kein Auge gelassen. Sie zerbrach sich den Kopf darüber, wie sie sie in die Falle locken könnte. Doch Großvater Waldrauschen mochte die Mädchen sehr, und er warnte sie:

„Geht nicht ins dunkle Dickicht. Denkt stets daran, was euch die Mutter vor ihrem Tode gesagt hat!"

Und sie gingen nie weit hinaus. Nun ergab es sich, daß

Brüderchen Pilz und Schwesterchen Beeren

es am Rande des Waldes keine Beeren mehr gab. Schon wollten die Mädchen nach Hause gehen. Doch die böse Hexe war schlau: sie hatte lauter rote Beeren hingezaubert. Die Schwesterchen waren so froh, daß sogar ihre Wangen erröteten. Sie pflückten die Beeren und sprachen vor sich hin:

„Brüderchen Pilz wird sich freuen!"

„Einige Körbchen voll wird man uns wohl abkaufen. Dann können wir uns weiße Kopftücher kaufen!"

Und sie merkten gar nicht, daß sie immer tiefer in den Wald gerieten.

Großvater Waldrauschen warnte die Schwesterchen: „Kehrt um, liebe Mädchen, denn hier lauern gar schreckliche Gefahren auf euch."

Doch die Mädchen waren so emsig beschäftigt, daß sie die Stimme ihres Beschützers nicht vernahmen.

Plötzlich sprang hinter einem Strauch die Hexe hervor, packte das älteste Schwesterchen und verschwand mit ihm im Dickicht.

„Oh, welch ein Unglück! Wo bist du, unser liebes Schwesterchen?" klagten das mittlere und das jüngste Mädchen.

Doch niemand antwortete ihnen.

Brüderchen Pilz war in der Nähe auf Jagd. Er hörte das Klagen und eilte zu Hilfe. Rief nach seinem Beerenschwesterchen, stolperte über Baumstümpfe und suchte die Hexe. Doch alles war vergeblich. Lediglich eine junge Gemse kam auf die Waldwiese gesprungen, blickte traurig drein und verschwand wieder im Waldesdickicht. Die Schwesterchen Beeren und Brüderchen Pilz brachen in Tränen aus und gingen traurig heim.

Tage und Monate verstrichen, doch das Unglück konnten sie nicht verwinden. Die Mädchen gingen wieder in

Brüderchen Pilz und Schwesterchen Beeren

Brüderchen Pilz
und Schwesterchen
Beeren

den Wald Pilze und Beeren sammeln. Die Hexe lauerte auf sie, und ihr wachsames Auge ruhte ununterbrochen auf ihnen. Einmal suchten die Mädchen am Rande des Eichenwaldes Egerlinge, doch sie fanden nichts, weil die Hexe die Pilze mit dichtem Gras bedeckt hatte. Als sie schon umkehren wollten, war plötzlich der Erdboden vor ihnen mit Pilzen übersät.

Großvater Waldrauschen warnte sie:

„Liebe Mädchen, rührt diese Egerlinge nicht an, sie verheißen euch nichts Gutes!"

Doch die Mädchen brachten es nicht fertig, die herrlichen Pilze stehenzulassen. Kaum legten sie einen Pilz in das Körbchen, da lugten schon zwei neue hervor. Die Schwesterchen Beeren hatten gar nicht gemerkt, daß sie tief in den Wald hineingeraten waren. Die Körbchen waren schon voll, aber sie sammelten immer weiter.

„Wir sammeln viele Pilze, damit wir auch im Winter etwas zu essen haben", sprach das mittlere Schwesterchen.

„Ach, wäre doch unser ältestes Schwesterchen bei uns, wie hätte es sich gefreut..."

Kaum hatte das jüngste Schwesterchen dies gesprochen, da sprang die Hexe aus dem Dickicht hervor, packte das mittlere Schwesterchen und schleppte es ins Gestrüpp.

Aus dem finsteren Wald ertönte es:

„Schwesterchen Beere, Brüderchen Pilz, rettet mich!"

Die Jüngste schrie vor Entsetzen so laut auf, daß die Vöglein verstummten und die Blätter an den Bäumen zu rauschen aufhörten. Brüderchen Pilz, das in der Nähe auf Jagd war, hörte die Schreie und eilte zu Hilfe. Doch es war schon zu spät: die Hexe war spurlos verschwunden. Keine Seele war weit und breit zu sehen, nur zwei junge Gemsen traten auf die Waldwiese und blickten Schwesterchen Beere und Brüderchen Pilz traurig an.

Darauf verschwanden sie im Waldesdickicht.

Brüderchen und Schwesterchen kehrten todunglücklich heim.

Ein ganzes Jahr verstrich. Einmal ging Brüderchen Pilz tief in den Wald auf Jagd. Die Hexe hatte alle Pfade verzaubert, damit der Junge nicht mehr den rechten Weg fand. Schwesterchen Beere kochte indes das Mittagessen und wartete auf das Brüderchen. Doch es kehrte nicht zurück. Darauf ging das Schwesterchen in den Wald hinaus und rief:

„Brüderchen Pilz, wo bist du?"

Ihr antwortete Großvater Waldrauschen:

„Dein Brüderchen kommt gleich. Geh nur schnell in die Hütte zurück, denn die Hexe lauert schon auf dich."

Aber die jüngste Schwester hörte nicht auf Großvater Waldrauschen und rief weiter nach ihrem Bruder. Plötzlich sprang die Hexe hinter dem Buschwerk hervor, ergriff sie und schleppte sie in das finstere Dickicht fort. Das Mädchen weinte und rief:

„Brüderchen Pilz, rette mich vor der Hexe..."

Das Brüderchen hörte ihr Weinen und kam herbeigelaufen, doch es war schon zu spät. Die Hexe war wie im Erdboden versunken.

Der Junge stand fassungslos da. Er rief nach seinem Schwesterchen, doch niemand antwortete. Über die Waldwiese liefen lediglich drei junge Gemsen und blickten ihn so traurig an, daß sich ihm das Herz in der Brust umdrehte.

Brüderchen Pilz kehrte in die leere Hütte zurück. Lange klagte er um seine Schwesterchen, hernach ging er in den Wald hinaus, um sie zu suchen.

Großvater Waldrauschen beugte sich tief zu ihm herab und flüsterte ihm ins Ohr:

„Geh nicht hin, sonst ist es um dich geschehen. Ich ha-

Brüderchen Pilz und Schwesterchen Beeren

be auch die Schwesterchen Beeren gewarnt, doch sie haben meinen Rat nicht befolgt..."

„Gern hätte ich dir gehorcht, Großvater, aber mein Herz will nicht gehorchen. Ich muß hin!"

Großvater Waldrauschen schwieg eine Weile und sprach:

„Weil du deine Schwesterchen Beeren so lieb hast, will ich dir helfen. Hör zu, was ich sage. Lauf bis zur Wegegabelung, dringe in das dunkelste Dickicht ein und schlage dich den ganzen Tag durch das Gestrüpp hindurch. Bald wirst du eine kleine Hütte sehen, die auf einem breiten Eichbaumstumpf steht. Dort wohnt eine steinalte Frau. Das ist meine Schwester Schlummerschlafein. Sie wird dir Essen, Trank und ein Nachtlager geben. Doch du darfst weder essen noch trinken noch schlafen, weil du dich sonst an nichts mehr erinnern kannst und für immer zu ihrem Sohn wirst. Weiter wirst du selbst wissen, was du zu tun hast..."

Brüderchen Pilz dankte für den guten Rat und machte sich auf den Weg.

Den ganzen Tag kämpfte er sich durch dichtes Gestrüpp hindurch, und am Abend stand er auch wirklich vor der Hütte.

„Ist jemand da? Laßt mich übernachten!"

Aus der Hütte trat Frau Schlummerschlafein. Der Junge verbeugte sich höflich vor der alten Frau, und sie erwiderte seinen Gruß.

Brüderchen Pilz ging in die Hütte, setzte sich auf die Bank und ruhte sich aus.

Frau Schlummerschlafein bereitete indes das Abendbrot zu:

„Komm, Junge, setz dich an den Tisch."

„Vielen Dank, liebe Großmutter, ich bin nicht hung-

Brüderchen Pilz
und Schwesterchen
Beeren

rig", entgegnete er, obwohl ihm das Wasser im Munde zusammenlief.

Frau Schlummerschlafein machte ihm das Bett:

„Komm, Junge, leg dich hin und ruh dich aus."

„Vielen Dank, Großmutter, ich bleibe lieber sitzen, weil ich noch nicht müde bin", erwiderte er, doch ihm war, als hätte ihm jemand Sand in die Augen gestreut.

Frau Schlummerschlafein überredete ihn mit den süßesten Worten, es war, als ob sie auf der Zimbel spielte, doch er saß und schwieg. Daraufhin sprach die alte Frau:

„Du bist ein guter Junge, und deinen Schwesterchen Beeren bist du ein treuer Bruder. Ich will dir sagen, wo du sie finden kannst. Zur bösen Hexe ist es weit, du mußt drei Tage und drei Nächte lang bis zum Sonnenuntergang gehen. Trete nicht in ihre Hütte, sondern versteck dich im Gesträuch vor dem Fenster. Nach dem Mittagessen wird die Hexe die Käfige öffnen, in denen sie die Gemsen hält. Wisse, daß die drei jungen Gemsen, die aus dem Käfig herauskommen, deine Schwestern sind. Sobald sie auf der Wiese stehen und sich die Hexe zur Hütte umdreht, mußt du mit Pfeilen auf die Gemsen schießen. Triffst du sie, so werden sich die Gemsen wieder in Mädchen verwandeln. Nehmt euch dann flugs bei der Hand und lauft fort. Ich will dir ein Bündel Dörrpilze mitgeben, das wird dir helfen. Wenn du Hunger bekommst, dann iß einen Pilz auf, und du wirst den ganzen Tag über satt sein. Nimm auch diese Nadel, dieses Knäuel und diese kleine Flasche mit. Das alles wird dir sehr zustatten kommen."

Brüderchen Pilz bedankte sich und zog los gen Westen.

Er war sehr lange unterwegs. Endlich fand er die Hexenhütte. Er versteckte sich hinter einem Busch und schaute durch das Fenster. Die Hexe kochte das Mittagessen. Aus der Hütte drang ein herrlicher Geruch, und dem Jungen fiel es schwer, nicht hinzulaufen und um Essen und Trank zu bitten. Da entsann er sich der Dörrpilze, aß einen auf, und ihm war, als hätte er Honig gegessen.

Nach dem Mittagessen kam die Hexe auf den Hof hinaus und öffnete die Käfige. Aus einem Käfig traten zwei Gemsen hervor, aus dem zweiten vier, und aus dem dritten nur eine. Die Gemsen liefen in den Wald. Der Junge wartete ungeduldig. Die böse Hexe öffnete noch einen Käfig, und daraus traten drei Gemsen. Sie liefen nicht in den Wald, sondern blieben auf der Wiese stehen und blickten traurig in die Richtung, wo Brüderchen Pilz stand.

Als die Hexe die Schüsseln spülen ging, spannte Brüderchen Pilz den Bogen, zielte und schoß einen Pfeil auf die Gemse ab, die am nächsten stand. Jene machte einen Sprung und verwandelte sich wieder in das älteste Schwesterchen Beere. Der Junge zielte abermals und traf mit dem Pfeil die zweite Gemse. Jene fiel auf die Vorderläufe und verwandelte sich in das mittlere Schwesterchen. Und schließlich flog der dritte Pfeil. Die letzte Gemse neigte den Kopf und wurde zum jüngsten Schwesterchen.

Brüderchen Pilz lief auf die Mädchen zu, die so schön waren wie die Sonne, und ergötzte sich an ihrem Anblick. Doch da beugte sich Großvater Waldrauschen zu ihnen herab und flüsterte:

„Ihr müßt fliehen... geschwind...“

Brüderchen Pilz und die Schwesterchen Beeren nahmen sich bei den Händen und liefen so schnell sie nur konnten in den Wald.

Die böse Hexe hatte derweil die Schüsseln gespült und war wieder auf den Hof gegangen. Sie zählte die Gemsen und erbebte vor Zorn: drei Gemsen fehlten! Sofort stellte sie ihnen nach. Sie lief, daß der Erdboden unter ihren Fü-

Brüderchen Pilz und Schwesterchen Beeren

ßen dröhnte. Die Flüchtlinge hörten ihre Schritte nahen und erschraken so gewaltig, daß sie wie erstarrt stehenblieben. Großvater Waldrauschen flüsterte dem Jungen zu:

„Wirf die Nadel auf den Boden!"

Brüderchen Pilz warf die Nadel hin, und gleich darauf wuchs hinter ihnen ein Wald empor, der so dicht war, daß niemand hindurchkam. Aber die böse Hexe hatte drei Beile mitgenommen, eins von Holz, eins von Glas und eins von Eisen. Sie holte das Holzbeil hervor und schlug damit auf die Stämme, doch das Beil ging entzwei. Da nahm sie das gläserne Beil und schlug mit solcher Wucht, daß es in lauter Splitter zersprang. Nun fing sie an, mit dem eisernen Beil die Bäume zu fällen. Als eine Schneise fertig war, hatten die Flüchtlinge schon einen großen Vorsprung gewonnen. Mit heraushängender Zunge flog die Hexe wie ein Sturmwind hinter ihnen her.

Brüderchen Pilz und Schwesterchen Beeren

„Ihr entkommt mir nicht!" krächzte sie.

Beinahe hätte sie die Flüchtlinge eingeholt. Doch da sprach Großvater Waldrauschen:

„Junge, laß jetzt das Knäuel fallen!"

Das Brüderchen tat, wie ihm geheißen, und sofort ragte hinter ihnen ein riesiger Berg bis zum Himmel empor.

Aber die böse Hexe hatte drei Spaten bei sich: einen hölzernen, einen gläsernen und einen eisernen. Mit dem hölzernen begann sie so wild zu graben, daß er zerbrach. Da nahm sie den gläsernen und schaufelte damit so lange, bis sie auf einen harten Stein stieß und der Spaten in lauter Glassplitter zerbrach. Dann holte sie den eisernen Spaten hervor und grub sich einen Tunnel durch den Berg.

„Ihr entwischt mir nicht", krächzte sie erneut und flog so schnell wie der Sturmwind.

Die Schwesterchen Beeren waren so müde geworden,

daß sie nicht mehr laufen konnten. Die böse Hexe war schon ganz nahe, jeden Augenblick konnte sie über sie herfallen. Da flüsterte Großvater Waldrauschen wieder:

„Laß das Fläschchen fallen, Junge!“

Brüderchen Pilz ließ das Fläschchen fallen. Daraus floß so viel Wasser, daß im Nu ein ganzer See entstanden war. Die böse Hexe fing an, das Wasser auszutrinken. Das ging sehr schnell, doch da war sie so dick geworden, wie ein Faß, kippte um, fiel in den Sumpf und platzte.

Die Schwesterchen Beeren und das Brüderchen Pilz erreichten wohlbehalten ihr Haus und lebten noch lange in Eintracht und Frieden. Doch da ist das Märchen auch schon zu Ende.

Die weiße Rose

Es war einmal ein Mann, der hatte drei Töchter. Er hatte sie lieber als alles auf der Welt. Eines Tages wollte der Mann zum Jahrmarkt ziehen. Die Töchter umringten ihn und trugen ihm ihre Wünsche vor.

„Ich möchte eine Kette haben, Vater", sprach die Älteste.

„Und mir sollt Ihr einen Ring mitbringen", sprach die Mittlere.

Die Jüngste schwieg.

„Und was möchtest du, mein Töchterchen?" fragte der Mann.

„Eine weiße Rose."

Darauf fuhr der Mann zum Jahrmarkt. Einiges hatte er mitgenommen, um es zu verkaufen, einiges wollte er selber einkaufen. Für die Kette und den Ring war ihm kein Geld zu schade. Doch für seine Jüngste konnte er kein Geschenk finden, denn nirgends gab es weiße Rosen zu kaufen. Mißmutig kehrte er heim.

Da saß er nun traurig auf dem Fuhrwerk, als ein altes Weib auf ihn zukam.

„Warum ist der Herr so traurig?“

„Wie soll ich nicht traurig sein, wo sich doch meine jüngste Tochter eine weiße Rose gewünscht hat. Auf dem Jahrmarkt aber gab es solche Blumen nicht.“

Die Frau sprach:

„Steig von der Fuhre herunter und folge mir...“

Sie führte ihn bis vor das Stadttor und verschwand sodann. Das Tor nahm seine Peitsche in Empfang und öffnete sich. Da ging er zum zweiten Tor. Jenes nahm ihm den Hut ab und öffnete sich gleichfalls. Hinter dem dritten Tor erblickte der Mann einen herrlichen Blumengarten, wie er ihn noch nie zuvor gesehen hatte. Dort blühten lauter weiße Rosen.

„Ach, welch eine Pracht! Da wird sich mein Töchterchen aber freuen“, sagte der Mann. Er bückte sich und pflückte eine Rose. Da krallte sich etwas an seiner Hand fest und ließ sie nicht los. Es war ein Ungeheuer.

„Laß meine Hand los, potz Blitz!“

„Schrei nicht so, es hilft dir sowieso nicht!“ entgegnete das Ungeheuer.

„Was hängst du an mir wie eine Klette?“

„Sei vernünftig“, sprach das Ungeheuer. „Schwöre mir, daß das Mädchen, für das du die weiße Rose abgebrochen hast, morgen zu mir kommt. Sonst lasse ich dich nicht los, und deine Tochter wird über drei Tage sterben.“

Was für ein Unglück! Der Mann mußte einwilligen.

„Ich schwöre, daß sie kommt.“

Das Ungeheuer ließ die Hand los. Der Mann fuhr nach Hause, bescherte die Mädchen mit den Geschenken, doch selber irrte er mit der Furcht im Nacken umher. Konnte er dem Ungeheuer sein liebstes Töchterchen überlassen?

„Warum seid Ihr so traurig, lieber Vater?“ fragten ihn die Töchter.

Die weiße Rose

„Wie soll ich nicht traurig sein, wo ich doch geschworen habe, daß ich die jüngste von euch zu dem Ungeheuer schicke, das mir die weiße Rose gegeben hat."

„Ich fürchte mich nicht, Vater. Laßt uns morgen hinfahren", entgegnete die jüngste Tochter.

In aller Frühe brachte der Mann sein Töchterlein zu jenem gruslichen Tor. Es öffnete sich von selbst. Das Mädchen trat ans zweite Tor, der Vater jedoch blieb auf der Straße stehen.

Der Rosengarten war nicht mehr da, es gab lediglich eine Treppe, die in eine hübsch aufgeräumte Stube führte. In der Mitte stand ein Tisch mit allerlei Speisen darauf. Obwohl das Mädchen sehr hungrig war, rührte es nichts an. Es nahm auf einem Stuhl Platz und wartete geduldig.

Plötzlich erschien in der Tür ein alter Mann mit einem Bart und einer langen krummen Nase. Er war so häßlich anzuschauen, daß man bei seinem Anblick erschauderte. Er trat an das Mädchen heran und fragte:

„Kannst du mich liebgewinnen?"

Das Mädchen wandte sich ab und erwiderte:

„Nein, das kann ich nicht."

Der Alte seufzte und ging. Am nächsten Abend kam er wieder angehumpelt. Er war noch gräßlicher geworden.

„Sag mir, kannst du mich liebgewinnen?"

„Nein", antwortete das Mädchen.

Eine Träne kullerte über den langen Bart. Der Alte verließ wortlos das Zimmer.

Am dritten Abend stellte sich der Alte zur gewohnten Stunde ein. Todunglücklich stand er in der Tür und fing an zu flehen:

„Hab mich doch lieb, schönes Mädchen..."

Sie schwieg. Der Alte wartete. Eine Träne nach der anderen rann seinen langen Bart hinunter.

Das Mädchen wandte sich ihm zu und sprach leise: „Ich will dir gut sein..."

Sobald sie dies gesprochen hatte, verwandelte sich der Alte in einen weißen Tauber.

Er flatterte auf und ließ sich auf des Mädchens Schulter nieder. Der Tauber konnte mit menschlicher Stimme sprechen. Er erzählte von seinem Glück und dankte dem Mädchen für die Zuneigung. Von nun an lebten das Mädchen und der Tauber vergnügt zusammen.

Einst sagte sie zu ihm:

„Ich möchte gern meine Schwestern und meinen Vater wiedersehen. Laß mich sie besuchen, lieber Tauber."

Der Vogel erwiderte:

„Du kannst gehen, doch du mußt zurück sein, bevor

die Sonne untergeht, wo sie gerade noch einen Fußbreit hoch über der Erde steht. Kehrst du nicht zurück, wird mir ein großes Unglück zustoßen. Ich will dir diese Blume geben, wenn sie verwelkt, dann weißt du, daß ich tot bin."

„Ich komme wieder, lieber Tauber", versprach das Mädchen.

Der Vogel sprach noch zu ihr:

„Es könnte auch sein, daß ich schon tot bin, wenn du zurückkehrst. Hab keine Furcht und weine nicht. Stich dir mit der Nadel in den kleinen Finger und laß einen Blutstropfen auf meine Stirn über dem rechten Auge fallen."

Das Mädchen streichelte den Vogel, nahm die Blume und brach auf.

Die Schwestern freuten sich, daß sie quicklebendig und froh heimgekehrt war. Sie wunderten sich darüber, daß sie einen Tauber zum Mann hatte. Die jüngste Schwester verweilte bei ihren Verwandten und wollte schon den Heimweg antreten. Aber ihre Schwestern ließen sie nicht fort und redeten auf sie ein, noch zu bleiben.

Düstere Wolken hatten sich am Himmel zusammengeballt und die Sonne bedeckt. Das Mädchen wußte nicht, wie spät es war und ob sie schon aufbrechen müsse. Der Tag ging schon zur Neige, aber sie war noch immer unterwegs. Die Blume in ihrer Hand verwelkte. Die Bäume rauschten:

„Warum hast du den Tauber betrogen? Er ist nun aus Sehnsucht nach dir gestorben."

Die Schwalben flogen über ihrem Kopf und riefen: „Der Tauber ist vor Sehnsucht nach dir gestorben!"

Und das Bächlein murmelte:

„Er ist tot... Er ist tot..."

Das Mädchen stürzte in das Zimmer. Der Tauber kam

ihr nicht entgegengeflogen und ließ sich nicht auf ihrer Schulter nieder.

Er lag tot auf dem Fensterbrett.

„Er hat nach mir Ausschau gehalten", sprach das Mädchen. „Er hat vergeblich auf mich gewartet."

Da nahm das Mädchen die Nadel und stach sich in den kleinen Finger. Wie aus dem Boden gestampft stand plötzlich ein hübscher Jüngling vor ihr, prächtig wie ein junger Ahorn und heiter wie die Sonne. Er schloß das Mädchen in die Arme und sprach:

„Du hast den Bann der bösen Zauberin gebrochen und mich vor dem Tode gerettet. Werde meine Frau!"

Das Mädchen reichte ihm die Hand und sprach:

„Laß uns zu meinem Vater gehen, damit er uns den Segen gibt."

Sie machten sich auf den Weg. Der Vater und die Schwestern freuten sich unendlich. Es wurde eine Hochzeit gefeiert, wie man sie im ganzen Dorfe noch nie zuvor gesehen hatte.

Die Jungvermählten lebten wie zwei Täubchen in Liebe und Eintracht, ohne sich je zu streiten. Und wenn sie nicht gestorben sind, dann leben sie noch heute.

Von dem Unsterblichen

Den bettelarmen Bauern Wassyl nannten alle den Unsterblichen. Seine Hütte war voll von Kindern, insgesamt waren es ihrer zehn. Es war schwer, sie satt zu kriegen, und noch schwerer war es, sie nicht nackt herumlaufen zu lassen. Für den Winter kaufte ihnen der Vater ein Paar Bundschuhe. Zuerst fuhr ein Kind in die Schuhe hinein, lief auf die Straße, spielte eine Weile und kehrte geschwind wieder heim, damit das zweite nun die Schuhe anziehen konnte. Und so wurden die Bundschuhe tagtäglich arg strapaziert.

Wassyl der Unsterbliche war immer hungrig und traurig.

Einmal ging er in den Wald Krummholz sammeln. Den ganzen Tag über rodete er Baumwurzeln und hatte sich so abgerackert, daß er sich nur noch mühsam fortschleppen konnte. Er setzte sich auf einen Eichbaumstumpf, um sich auszuruhen, spie zornig aus und sprach:

„Hol der Teufel solch ein Leben! Käme doch der Gevatter Tod schneller zu mir. Wo er sich bloß herumtreiben mag, er hat mich ganz vergessen.“

„Hier bin ich, Wassyl“, vernahm er eine krächzende Stimme und spürte eine kalte, knochige Hand auf der Schulter. Der Mann blickte sich um. Da stand der Gevatter Tod. Wassyl erschrak so gewaltig, daß ihm die Zunge am Gaumen kleben blieb.

„Hast du nach mir gerufen?“ fragte der Tod.

Wassyl erzählte ihm von seiner Not.

„Ich will nicht mehr leben. Wozu sich so quälen?“

„So geht das nicht, Wassyl, du darfst noch nicht sterben. Du hast doch einen ganzen Haufen kleiner Kinder. Wer wird sie ernähren? Sei mein Freund, und ich helfe dir aus der Not.“

„Abgemacht.“

„Ich mache dich zu einem Arzt. Du wirst durch die Dörfer ziehen und die Kranken heilen. Man wird dich dafür entlohnen.“

„Ich soll ein Arzt werden? Ich kenne mich in der Medizin aus wie ein Esel in der Heiligen Schrift.“

„Du brauchst dich auch gar nicht darin auszukennen“, entgegnete der Gevatter Tod. „Vergiß nicht: ich werde stets bei dir sein. Niemand wird mich sehen, nur du allein. Steh ich zu Häupten des Kranken, so mußt du dreimal um das Bett herumgehen und zu dem Kranken sagen: ‚Nichts zu machen, armer Bauer, dein letztes Stündlein hat geschlagen’. Steh ich jedoch zu Füßen des Kranken, so sollst du freudig rufen: ‚He, ich mach dich wieder gesund, lieber Mann! Du wirst noch lange leben!’“

Wassyl sah den Tod mißtrauisch an:

„Ich weiß sehr wohl, was für ein Freundchen du bist! Du wirst nicht viel Federlesens mit mir machen und mich sehr bald im Stich lassen.“

„Ich schwöre, daß ich’s ehrlich meine.“ Gevatter Tod erhob vor dem alten Eichbaumstumpf seine dürre Hand.

Am anderen Tag nahm Wassyl seinen Stock und zog hinaus zu einem Kranken, der nur noch drei Stunden zu leben hatte.

„Ich bin der Arzt“, sprach er zu der Frau und den Kindern des Kranken, die traurig auf der Bank saßen. „Geht hinaus, damit mich niemand stört.“

Als alle gegangen waren, schaute Wassyl hin und sah, daß der Tod zu Häupten des Kranken stand. Da packte er seinen Stock mit beiden Händen und schlug dem Gevatter Tod damit so wuchtig auf die Schulter, daß es krachte.

„Du scheußlicher Knochenmann, was stehst du zu Häupten dieses redlichen Mannes? Siehst du denn nicht, daß er kleine Kinder hat? Stell dich geschwind ans andere Ende...“

Und schon war der Tod am Fußende, wo er sich gehorsam niederließ.

Wassyl betastete den alten Mann und sprach:

„Über drei Tage kannst du deinen Acker pflügen.“

Und so geschah es auch: in drei Tagen pflügte und säte der Mann wieder.

Derweil suchte Wassyl andere Kranke auf. Der Tod stand nirgends mehr zu Häupten des Kranken, weil er fürchtete, von Wassyl Schläge zu bekommen. Von da an ging die Tür in Wassyls Haus nur noch dauernd auf und zu: von weit und breit kamen die Leute herbei, damit er sie rette. Und sie kamen nie mit leeren Händen und dankten ihm für die Hilfe.

Gevatter Tod ging neben Wassyl her und schnaubte durch die Nase. Ihm gefiel eine solche Freundschaft nicht, aber er hatte ja vor dem Eichbaumstumpf den Schwur geleistet! Eines Tages sprach er zu dem Mann:

„Wir sind schon viele Jahre lang befreundet, doch du hast mich noch nie zu dir nach Hause eingeladen.“

„Komm am Sonntag“, erwiderte Wassyl.

„Gut, ich komme“, sagte der Tod hocherfreut.

Am Sonntag legte Gevatter Tod sein weißes Gewand an und zog los zu seinem Freund. Wassyl zeigte ihm seine Wirtschaft und den Haufen Kinder, die jedoch nicht mehr in Hunger und Armut aufwuchsen. Dann fragte er:

„Und wann soll ich dich nun besuchen?“

„Stell dich nächsten Sonntag an jenem Ort ein, wo wir uns zum erstenmal begegnet sind.“

„Einverstanden.“

Der Unsterbliche zog am besagten Tag eine neue Joppe und neue Lederschuhe an, setzte seinen Strohhut auf und zog los, Gevatter Tod einen Besuch abzustatten. Jener erwartete ihn bereits vor dem alten Eichbaumstumpf. Von dort aus führte er den Mann in seinen Palast. Sie gingen durch finstere Wälder, tiefe Schluchten, faulige Sümpfe und sprangen über Klüfte und Abgründe, bis sie bei einem schneeweißen Palast anlangten.

„Das ist mein Schloß“, sprach der Tod stolz.

Im Palast hatten sich viele Gäste eingefunden: lauter Könige, Prinzen und Minister. Ihre Gesichter sahen aus, als wären sie mit Mehl bestreut, und ihre Augen leuchteten wie Laternen. Die Gäste aßen, tranken, sangen und hüpften wie Ziegenböcke herum.

„Solch ein Pack!“ sagte Wassyl. „Kein einziger anständiger Mensch ist da. Komm, zeig mir deine Wirtschaft.“

Gevatter Tod führte ihn durch den Palast. Wassyl verweilte in jedem Zimmer, doch in eines ließ man ihn nicht hinein. Das erzürnte ihn.

„Öffne das Zimmer“, befahl Wassyl, und es tat ihm leid, daß er seinen Stock zu Hause gelassen hatte.

„Das ist verboten.“

„Verboten? Wem? Dem du vor dem Eichbaumstumpf

geschworen hast? Öffne im guten, sonst erlebst du Böses!"

Was tun mit solch einem aufdringlichen Freund? Der Schlüssel drehte sich krächzend im Schlüsselloch, und sie betraten einen riesigen Saal. Wassyl der Unsterbliche sperrte Mund und Ohren auf. Im Raum brannten Tausende von großen und kleinen Kerzen. Einige waren noch groß, andere waren schon fast herabgebrannt.

„Was ist das?" fragte der Unsterbliche.

„Das sind die Lebenslichter der Menschen."

„Ist meins auch da?"

„Deins auch."

„Welches ist es?"

„Die Kerze dort, die schon herunterbrennt", erwiderte Gevatter Tod.

„Wenn sie erloschen ist, was geschieht dann mit mir?" fragte Wassyl.

„Dann stirbst du."

Wassyl ließ den Kopf hängen. Dann stieß er den Tod in die Seite und bat ihn:

„Sei so nett, zünde mir anstelle dieses Kerzenstumpfs eine neue große Kerze an."

„Das tu ich nie und nimmer!" fuhr ihn der Tod zornig an. „Wer geboren wurde, der muß auch sterben."

Betrübt kehrte der Mann heim. Er war todbleich. Sein Weib ging um ihn herum und behandelte ihn wie einen Kranken. Wassyl schwieg lange, doch dann erzählte er:

„Meine Kerze ist schon fast heruntergebrannt."

„Kann man sie denn nicht gegen eine andere austauschen?" stammelte die Frau unter Tränen.

„Ich habe den Tod darum gebeten, aber er will nichts davon wissen."

Da begann die Frau laut zu jammern.

„Sei still, dummes Weib. Ich fürchte den Tod nicht.

Irgendeinen Trick werde ich mir schon einfallen lassen."

Drei Tage und drei Nächte lang hatte Wassyl der Unsterbliche kein Auge zugemacht und nicht einen Krümel gegessen. Er grübelte und grübelte die ganze Zeit. Endlich stand er auf, krempelte die Ärmel hoch und fing an zu zimmern. Er fertigte ein ungewöhnliches Bett an, das sich um die Achse drehen konnte.

Als er sich krank fühlte, legte er sich in das Drehbett. Sieh da! Gevatter Tod stand zu seinen Häupten. ‚Da bist du ja, Sensenmann!' dachte Wassyl und drehte das Bett, so daß der Tod nun zu seinen Füßen stand. Über eine Weile huschte er wieder ans Kopfende des Bettes. Wassyl drehte abermals sein Bett. Da flehte ihn der Tod an:

„Wassyl, stirb doch endlich, es ist schon Zeit. Die Leute lachen mich sonst aus."

„So dumm bin ich nicht, ich sterbe, wann ich will. Scher dich zum Teufel und laß mich in Ruh!"

„Damit du's weißt — ich komme nicht nochmal!" Der Tod war schwer gekränkt und verschwand aus der Hütte.

Wassyl der Unsterbliche sprang gesund und munter auf. Bestimmt zieht er auch jetzt noch von Dorf zu Dorf und tut sein Bestes für die Leute.

Der Dienst für drei Fladen

Es waren einmal ein Mann und eine Frau. Sie waren sehr arm. Der Mann stand bei einem Herrn in Lohn und Brot. Eines Tages sprach er zu seiner Frau:

„Morgen gehe ich Holz machen. Leg mir ein Brot in den Beutel, damit ich mittags und abends was zu essen habe. Die Arbeit ist schwer — mal muß man das Beil, mal den Hammer schwingen.“

Die Frau buk drei Fladen und legte sie in den Beutel. Der Mann begab sich noch vor Tagesanbruch in den Wald. Als die Sonne aufging, hatte er schon gute Arbeit geleistet und war hungrig geworden. Er holte sein Bündel hervor. Nanu? Es war leer.

„Das Weib hat bestimmt vergessen, die Fladen hineinzutun“, sprach er und machte sich wieder an die Arbeit.

Den ganzen Tag über sägte und hackte er Holz, trug die Scheite zusammen und stapelte sie auf. Vor Hunger war er fast durchsichtig geworden. Abends auf dem Heimweg konnte er sich vor Schwäche kaum noch auf den Beinen halten.

Derweil saß der kleine Teufel Antypko auf einem

Baumstumpf und kaute die Fladen, daß seine Kinnladen nur so krachten. Da kam ein alter Beelzebub des Weges und fragte:

„Was machst du hier?“

„Ich esse.“

„Was ißt du?“

„Fladen.“

„Woher hast du die?“

„Die hab' ich gestohlen.“

„Wem?“

„Einem armen Holzhacker.“

Den alten Teufel erzürnte das sehr. Er packte Antypko beim Zottelohr und brüllte:

„Habe ich dich nicht zu den Reichen geschickt, damit du sie bestiehlst?“

„Ich hab' mich ja auch zu einem Reichen auf den Weg gemacht, aber ist es meine Schuld, daß ich unterwegs einem Armen begegnet bin?“ erwiderte Antypko.

„Es ist also nicht deine Schuld? Obendrein bist du noch ein Lügner! Geh jetzt hin zu dem armen Mann. Du sollst ihm drei Jahre lang für die drei Fladen dienen!“

Antypko heulte los. Doch sehr bald hörte er wieder auf, weil er wußte, daß mit dem alten Teufel nicht zu spaßen war, der konnte einem im Nu das Fell gehörig gerben. So mußte sich Antypko zum Dienst verdingen. Er verwandelte sich in einen Burschen und klopfte bei dem armen Mann an. Da stand er nun in der Tür und verbeugte sich.

„Was hat dich zu mir geführt?“

„Ich will mich verdingen.“

Der arme Mann machte runde Augen:

„Bei mir? Scher dich zum Teufel! Ich habe selbst nicht mal mein tägliches Brot.“

„Der Teufel hat mich ja zu Euch geschickt. Eure Kost soll auch die meine sein.“

Der Bursche stand da und grinste. Der arme Mann wurde nachgiebiger.

„Aber ich habe auch keine Kleidung für dich.“

„Ich werde die Sachen tragen, die ich gerade anhabe.“

Der Mann breitete vor Verwunderung die Arme aus:

„Wer hat mir diesen Quälgeist nur auf den Hals geschickt?“

„Der alte Teufel...“

„Ich verbitte mir solchen Spaß, Junge.“ Indes war der Mann etwas fröhlicher geworden. „Laß uns schlafen gehen, morgen wollen wir beratschlagen, was zu machen ist.“

Der Junge streckte sich auf der Bank aus, legte die Hand unter den Kopf und schlief ein.

Frühmorgens stand die Frau auf und jammerte, weil sie nichts zum Frühstück hatten. Da erblickte sie plötzlich in der Ecke einen Sack voll weißes Mehl, ein Körbchen voll Eier, eine Schüssel mit Käse und einen großen Krug voll Sahne. Die Frau klatschte sogar in die Hände, so sehr war sie verwundert. Alsbald weckte sie ihren Mann und sprach:

„Schau nur, was wir alles haben.“

Der Mann rieb sich die Augen, starrte lange all die feinen Sachen an und sprach:

„In dieser Hütte hat es solchen Reichtum noch nie gegeben.“

Der Junge schlief und hatte von all dem nicht die geringste Ahnung. Nachdem die Frau Brot gebacken hatte, weckte der Mann den Jungen:

„Steh auf und komm frühstücken, es ist Zeit, daß wir uns an die Arbeit machen.“

Nach dem Frühstück nahmen sie eine Säge und zwei Äxte und gingen Bäume fällen.

Die Arbeit ging ihnen gut von der Hand. Der Junge schwang die Axt, und sofort fiel eine Eiche um. Der arme Mann sperrte erstaunt den Mund auf. Die Frau brachte ihnen das Mittagessen und konnte nicht glauben, daß sie schon so viel Holz gehackt hatten. Abends war der ganze Wald des Gutsherrn gefällt und das Holz gehackt und aufgestapelt. Der arme Mann wurde gut bezahlt für die Arbeit.

Es vergingen Tage, Wochen und Monate. Ein Jahr löste das andere ab. Der arme Mann kam mit dem Burschen gut aus. Er war sogar schon aus der schlimmsten Armut heraus. Seinen Tagelöhner mochte er so sehr, daß er ohne ihn keinen Krümel mehr essen konnte.

Als die drei Jahre um waren, verschwand der Junge, als hätte ihn der Erdboden verschluckt, und kehrte auch nie mehr zurück. Und darum ist nun auch das Märchen zu Ende.

Luzifers Tochter

In uralten Zeiten, als die Leibeigenschaft noch nicht abgeschafft war, lebten in einem Dorf ein Mann und eine Frau, und sie hatten einen Sohn namens Herassym. Tag und Nacht, egal ob es nun Wochen- oder Feiertage waren, rackerten sie sich auf den Feldern des Herrn ab, und der Rücken war ihnen schon krumm geworden. Der Mann hatte ein winziges Stück Acker, wo er etwas Mais anbauen konnte. Jahre verstrichen, und der Mann ward todkrank. Und als er spürte, daß der Sensenmann ihn bald holen würde, ließ er seinen Sohn zu sich kommen und sprach:

„Ich muß sterben, mein Sohn. Mir war auf dieser Welt nichts Gutes beschieden. Ich hinterlasse dir lediglich diese windschiefe Hütte und den kleinen Acker, damit du wenigstens deinen täglichen Brei hast. Hüte dich vor der Gunst der Herren und dem Haß der Menschen."

Herassym weinte und trug seinen Vater zu Grabe. Dann arbeitete er auf dem herrschaftlichen Feld, daß die Schwarte krachte. An einem Sonntag ging er auf seinen Acker hinaus, um ihn zu besehen. Plötzlich hörte er im Mais ein Schwein grunzen.

„Ach, du schmutziges Borstenvieh, willst du mir meinen ganzen Mais auffressen?“ rief er.

Das Schwein grunzte nur zur Antwort.

Herassym brach einen Maiskolben ab und hieb damit dem Schwein eins über den Rücken.

„Ich sperre dich in den Stall und lasse dich nicht eher heraus, als bis dein Besitzer kommt und den Schaden wiedergutmacht.“

Das Schwein lief vor ihm her und versuchte gar nicht zu fliehen. Herassym hatte sogar Mühe, ihm zu folgen, und sperrte es in den Stall. Ein Tag verging und ein zweiter, doch der Besitzer stellte sich nicht ein. Sicherlich wollte man ihm nicht den Schaden ersetzen. Schließlich hatte Herassym die Geduld verloren. Er beschloß, das Schwein auf die Straße zu jagen, damit es im Stall nicht verhungert.

Er ging hin, öffnete die Stalltür, doch drinnen war kein Schwein mehr, sondern ein lächelndes Mädchen. Es war so hübsch, daß dem Burschen der Mund vor Staunen offen blieb.

„Du bist mir ein guter Hausherr“, sprach das Mädchen, „hältst ein Schwein im Stall und gibst ihm nichts zu fressen.“

„Konnte ich denn wissen... Aber das Schwein hat mein Feld verwüstet. Wer bist du denn?“

„Ich bin die Marijka.“

„Und was machst du hier?“

„Ich warte, daß du mich rausläßt.“

„Und wohin gehst du dann?“

„In deine Hütte!“

„Was?“ staunte Herassym.

„Ich will deine Frau sein.“

„Dann komm heraus.“

Das Mädchen trat aus dem Stall, nahm den Burschen freundlich bei der Hand und führte ihn in die Hütte. Dort fegte sie, räumte alles schön auf und machte das Abendbrot. Herassym sah wie verzaubert zu.

In aller Frühe kam der Verwalter des Gutsbesitzers und klopfte an die Tür:

„He, Herassym, komm heraus zum Frondienst!"

Marijka pflanzte sich vor der Tür auf und sprach:

„Mein Mann wird nicht mehr auf dem herrschaftlichen Feld arbeiten. Er hat genug geschuftet. Soll der Herr jetzt selber ackern."

Der Verwalter stand vor ihr, als hätte man ihn mit siedendem Wasser verbrüht. Er hätte nie gedacht, daß man Derartiges über die Lippen bringen kann, lief zum Herrn und trug ihm zu:

„Liebster Herr, der Herassym hat eine Frau. Sie ist schön wie eine Blume, doch hat sie eine Zunge, die scharf ist wie eine Sense. Sie hat gesagt, ihr Mann werde nicht mehr zum Frondienst kommen... Und außerdem hat sie gesagt, Ihr solltet selbst ackern."

„Ach, wie klug sie ist! Solch ein schwatzhaftes Weib!" erboste sich der Herr. „Wenn sie so schlau ist, dann soll ihr Mann diesen Brief auf den Mond bringen und mit einer Antwort zurückkommen. Schafft er das nicht, hetze ich die Hunde auf sie los."

Der Verwalter nahm den Brief, begab sich zu Herassym und klopfte mit dem Stock ans Fenster. Marijka öffnete die Tür:

„Da seid Ihr ja wieder!"

Da reichte ihr der Verwalter den Brief:

„Herassym soll ihn auf den Mond bringen und mit einer Antwort zurückkommen. Schafft er das nicht, hetzt der Herr die Hunde auf euch los."

Herassym ließ den Kopf hängen. Noch nie hatte er gehört, daß Leute Briefe an den Mond geschickt hätten. Dorthin führt kein Weg. Hat man so was schon mal erlebt?

Marijka tröstete ihn:

„Verzag nicht, lieber Mann, es wird sich geben. Mach dich auf den Weg und geh bis zur Kreuzung. Gegen Mitternacht werden dort drei Kutschen vorbeifahren. Laß die erste und die zweite vorbeifahren, in die dritte aber wirf den Brief und warte auf die Antwort."

Herassym gehorchte seiner Frau. An der Kreuzung angelangt, ließ er sich am Rande des Weges nieder. Um Mitternacht kamen die drei Kutschen herbeigefahren. Die Pferde spien Feuer, ihre Mähnen und Schweife loderten wie rote Flammen, und unter den Hufen und Rädern stieben nur so die Funken hervor. Herassym ließ die beiden ersten Kutschen vorbeifahren, in die dritte jedoch warf er den Brief.

Herassym setzte sich nun an den Wegrand und wartete auf die Antwort. Als die Hähne zum drittenmal gekräht hatten, vernahm er Hufschläge. Über ein Weilchen kam die erste Kutsche vorbeigesaust, dann die zweite. Von der dritten warf irgend jemand einen Brief herunter. Diesen Brief brachte Herassym nach Hause, übergab ihn seiner Frau und legte sich schlafen.

In aller Frühe kam der Verwalter den Brief holen.

Der Herr öffnete den Brief und las die Botschaft, die der Mond in goldenen Lettern geschrieben hatte:

„Quäle die Menschen nicht, denn dein Vater muß deswegen in der Hölle Holz tragen, du aber wirst in Pech sieden."

Der Herr lachte auf und schrieb sodann einen Brief in die Hölle:

„Vater, teil mir mit, wo du das Gold vergraben hast."

„Gebt Herassym den Brief, er soll ihn in die Hölle bringen und mit einer Antwort zurückkommen“, befahl er dem Verwalter.

Dieser klopfte erneut mit dem Stock ans Fenster. Marijka trat heraus und fragte:

„Was hat Euch hergeführt?“

„Ich habe einen Brief für Herassym. Er soll ihn in die Hölle bringen und mit einer Antwort zurückkommen.“

Da ließ Herassym den Kopf noch tiefer hängen.

„Ich kenne doch den Weg in die Hölle nicht!“

„Sei nicht traurig, lieber Mann“, lächelte Marijka. „Geh nachts wieder zur Kreuzung und wirf den Brief in dieselbe Kutsche.“

Herassym war getröstet, denn die Kutsche kannte er gut. Er tat so, wie ihn seine Frau geheißen.

In der Frühe kam der Verwalter. Marijka gab ihm den Brief aus der Hölle. Der Herr las darin:

„Mein Sohn, im Garten stehen zwei Apfelbäume und ein Eichenbaum. Dazwischen habe ich den Goldschatz vergraben.“

Der Herr grub den Schatz aus und ward noch reicher. Er rief den Verwalter herbei und sprach:

„Morgen will ich Hochzeit feiern. Wenn Herassyms Frau so klug ist, dann soll ihr Mann die Musikanten aus der Hölle bestellen. Ich will, daß sie meinen vornehmen Gästen zum Tanz aufspielen.“

Der Verwalter lief zu Herassym und klopfte mit dem Stock ans Fenster. Marijka trat hinaus und fuhr ihn an:

„Hat mein Mann noch immer nicht genug für den Herrn getan?“

„Nein, noch nicht. Morgen will der Herr Hochzeit halten, und da sollen ihm die Musikanten aus der Hölle zum Tanz aufspielen. Herassym soll die Musiker herschaffen, ansonsten verliert er Kopf und Kragen."

Herassym bekam furchtbare Angst. Er hatte noch nie gehört, daß es unter den Teufeln auch Musikanten gäbe. Wo sollte er sie suchen, und wie konnte er sie dazu überreden, auf der Hochzeit des Gutsherrn zu spielen?

„Mach dir keine Sorgen, lieber Mann", ermutigte ihn Marijka. „Gegen Mitternacht steigst du an derselben Kreuzung in die dritte Kutsche und fährst damit in die Hölle. Ich will dir ein Tüchlein mitgeben, steck es oben unters Hemd. Sobald du verzagst, hole es hervor und wische dir damit übers Gesicht. Die Angst ist dann sogleich vorbei."

Was blieb dem armen Schlucker übrig? Gegen den mächtigen Herrn war er hilflos.

Abends ging er zur Kreuzung hinaus, ließ sich am Rande des Weges nieder und wartete. Gegen Mitternacht vernahm er die Hufschläge der Feuerpferde. Zwei Kutschen rasten an ihm vorbei. Als die dritte kam, nahm Herassym Anlauf und sprang hinein. Er holte Marijkas Tüchlein hervor und wischte sich damit übers Gesicht. Und schon wurde ihm froh zumute.

Die Kutsche eilte wie der Blitz daher. Unter den Pferdehufen sprühten Funken hervor, die Mähnen und Schweife loderten wie brennende Garben.

Gar nicht lange, da kamen sie in der Hölle an. Es war gruselig anzusehen, was da vor sich ging. In großen Kesseln kochten, schmorten und dampften die Seelen, und die Teufel drehten sie mit Heugabeln um. Kalter Schweiß trat auf Herassyms Stirn. Er holte das Tuch hervor und wischte sich damit übers Gesicht.

Luzifers Frau sah, wie er dies tat, und fragte ihn: „Woher hast du dieses Tüchlein?"

„Das hat mir meine Frau Marijka gegeben.“

„Dies Tüchlein habe ich gewebt und es meiner Tochter geschenkt. Folglich bist du mein Schwiegersohn?“

„Woher weiß ich, wessen Schwiegersohn ich bin?“ Herassym ließ ratlos die Arme hängen.

Er erzählte Luzifers Frau in allen Einzelheiten, wie er Marijka im Stall gefunden und sie liebgewonnen hatte und was für einen schlimmen Herrn sie hatten. Hernach fragte Luzifers Weib:

„Und was willst du hier?“

„Unser Herr heiratet. Und da will er, daß morgen auf seiner Hochzeit Musikanten aus der Hölle spielen. Ich bin gekommen, mit den Teufeln zu verhandeln und mich mit ihnen zu einigen.“

„Kopf hoch, mein Schwiegersohn“, entgegnete Luzifers Frau. „Kehr nach Hause zurück, hab meine Tochter lieb und seid beide glücklich.“

Herassym nahm Abschied, schwang sich auf die Kutsche und kehrte heim.

Am nächsten Tag hatten sich im Gutshaus reiche Gäste aus der ganzen Gegend eingefunden, denn der Herr heiratete die Tochter des Ministers. Alle trugen Gold-, Silber- und Diamantschmuck. Die Tische drohten unter der Last der Speisen zusammenzubrechen.

Die Bauern standen auf der Straße und hielten Maulaffen feil. Für wen kein Platz mehr da war, der kletterte auf einen Baum oder ein Dach. Die Leute starrten neugierig auf die Herrschaften wie auf eine Erscheinung aus dem Märchen.

Plötzlich erschienen im Hof zwölf funkelnde Kutschen. Aus jeder stieg ein Musikant. Alle zwölf gingen in das Gutshaus und spielten dort solch einen feurigen Tanz, daß der Palast wankte. Die vornehmen Gäste wurden zum

Tanz aufgefordert. Sogar diejenigen, die gar nicht tanzen konnten, hüpften und sprangen umher, weil sie irgendeine geheimnisvolle Kraft vorantrieb. Der Herr und seine junge Frau hopsten nur so herum.

Die Musik hörte auch nicht eine Minute auf, und die Gäste mußten so lange tanzen, bis ihre Knochen auseinanderfielen. Und da war auch die Hochzeit zu Ende.

Ich war auch dabei, habe auf dem Dach von Herasyms Haus gesessen und mir diese wunderliche Hochzeit angesehen, um euch darüber zu erzählen.

Vom Jüngling, der den Menschen die Sonne, den Mond und die Sterne wiedergegeben hat

Es lebten einmal ein sehr reicher Gutsherr und seine Frau. Und als sie nun alt geworden waren, verfielen sie in Trübsal, weil sie niemanden hatten, dem sie ihren Reichtum vererben konnten. Da ging die Gutsherrin zu einer Quacksalberin, um sie um Rat zu fragen.

„Im Meer gibt es ein wundersames Fischlein", sprach die Quacksalberin. „Die Frau, die es verzehrt, wird einen Knaben gebären."

Die Gutsherrin kehrte heim, erzählte alles ihrem Mann und bat ihn:

„Kauf mir jenes Fischlein."

Sodann fuhr der Herr bis ans Meer und erkundigte sich bei den Fischern:

„Könnt ihr mir jenes Fischlein fangen, von dem meine Frau einen Knaben gebären wird?"

„Warum nicht? Doch zuerst müßt Ihr uns ein Faß Schnaps geben, damit der Knabe fröhlich wird, ein Faß Honig, damit er den Mädchen gefällt, und ein Faß Geld, damit er auch reich wird."

„Ich will euch alles geben. Wann kann ich denn

das Fischlein abholen? Ihr müßt euch aber beeilen..."

„Schnell ist ein Märchen erzählt, aber gar nicht so schnell ein Fischlein gefangen. Kommt über eine Woche wieder."

Als die Woche um war, brachte der Herr alles mit, was die Fischer verlangt hatten. Jene gaben ihm das Fischlein.

Bei dem Herrn diente eine alte Huzulin als Köchin. In der Küche roch es so herrlich, daß der Huzulin das Wasser im Munde zusammenlief. Es wäre eine Sünde gewesen, von dem Fischlein nicht ein kleines Stückchen zu kosten. Ja, und welche Köchin probiert denn nicht die Speise, die sie zubereitet? Sie brach ein Stückchen ab, aß es auf und brachte der Herrin das Fischlein. Monate verstrichen, und die Köchin gebar einen Sohn, und einige Tage später schenkte auch die Herrin einem Knaben das Leben.

Als der Sohn der Herrin herangewachsen war, gab man ihn in die Schule, der Knabe der Huzulin aber hütete die Gänse auf dem Anger. Das Zimmer, in dem der Herrenjunge spielte, durfte er nicht betreten.

Und so vergingen viele Jahre. Der Huzulenknabe wuchs zu einem prächtigen Jüngling heran, der schön war wie die Sonne. Die alte Huzulin konnte sich nicht sattsehen an ihm.

Da trug es sich einst so zu, daß morgens die Sonne nicht aufging, sich abends der Mond nicht einstellte und die Sterne nicht leuchteten. Die Leute gingen traurig umher, als sei das Ende der Welt gekommen. Es hieß, der Teufel hätte die Sonne, den Mond und die Sterne gestohlen.

Der Kaiser ließ im ganzen Reich die Nachricht verbreiten: „Wer die Sonne, den Mond und die Sterne wiederfindet, der soll die Prinzessin zur Frau bekommen."

Der Huzule sagte zu seiner Mutter:

„Ich möchte vor den Kaiser treten und mir seine Toch-

Vom Jüngling,
der den Menschen die Sonne,
den Mond und die Sterne
wiedergegeben hat

ter ansehen. Ich will nämlich wissen, ob es sich auch lohnt, daß ich mich ihretwegen mit den Teufeln einlasse."

Sprach's und zog in die Hauptstadt. Da stand er nun vor dem Thron und rief:

„Eure Majestät, ich will die Sonne, den Mond und die Sterne wiederfinden, doch zeigt mir zuerst die Prinzessin, damit ich weiß, wie sie aussieht."

Man führte die Prinzessin herein. Der Junge schlug Feuer, zündete einen Holzspan an, besah sich die Kaiserstochter und sprach:

„Fürwahr ein hübsches Mädchen... Ihretwegen kann man selbst in die Hölle fahren."

Gegen Mitternacht ritt der Huzule zu einer großen Brücke jenseits eines finsteren Waldes. Er band sein Pferd an einer Weide fest, riß ein Brett von der Brücke ab und warf es in den Fluß. Darauf versteckte er sich im Gebüsch und wartete.

Alsbald vernahm er Hufschläge. Irgend jemand stand vor der Brücke und rief zornig:

„Wer hat mir meine Brücke kaputt gemacht? He, wo ist der Taugenichts?"

„Hier bin ich", erwiderte der Junge aus seinem Versteck.

„Komm heraus, ich werde dich verprügeln."

„Du Beelzebub, du glaubst wohl, mir mit deinen Hufen einen Schreck eingejagt zu haben? Gib lieber den Leuten die Sonne, den Mond und die Sterne zurück, sonst schlage ich dich kurz und klein."

„Die gebe ich nicht her. Komm heraus, ich will dich verprügeln."

„Wozu die Mühe?" verhandelte der Junge. „Du sollst lieber zu Feuer und ich zu Regen werden. Dann werden wir sehen, wer die Oberhand gewinnt."

„Einverstanden!“ rief der Teufel.

Ehe man sich's versah, brannte ein lichterlohes Feuer und prasselte ein starker Regen hernieder. Das Feuer brannte, und der Regen dämmte es ein. Der Regen strömte, und das Feuer flackerte. Der Regen prasselte nieder, und das Feuer zischte wie in der Hölle.

Langsam erlosch das Feuer, doch der Regen goß immer stärker, als wären alle Wolken am Himmel geplatzt. Endlich ging das Feuer aus. Der Dampf verzog sich, und es war nur ein Häufchen Asche übriggeblieben. Als der Junge die Asche zerstreute, sah er, daß darunter die Sonne glänzte. Er holte sie hervor und klemmte sie unter den Arm. Dann schwang er sich in den Sattel und eilte zum Kaiser.

Am Rande des Weges erblickte er eine Hütte, und da er gern gewußt hätte, wer darin wohnte, spähte er durchs Fenster. Drinnen waren lauter Hexen, die Draht spannen, Zinn gossen und aus Kaffeesatz orakelten. Eine von ihnen legte Karten.

Da verwandelte sich der Junge in eine Fliege, schwirrte in die Hütte und ließ sich an der Wand nieder. Die Hexe, die Karten legte, flüsterte vor sich hin:

„Die Karten sagen, daß irgendein Jüngling meinen Mann getötet und die Sonne gestohlen hat. Ich werde ihm den Garaus machen! Ich will mich in einen Birnbaum mitten auf einem Feld verwandeln. Sobald er an diesem Feld anlangt und eine Birne ißt, soll er sich daran verschlucken und ersticken.“

Die Fliege schwirrte davon und ward wieder zum Jüngling. Er begab sich in das Kaiserschloß. Dort aß er sein Abendbrot und ging zu Bett. Aber vorher befahl er:

„Niemand soll mich wecken. Die Sonne wird es tun...“

In der Frühe erwachten die Leute aus dem Schlaf, und

die warme Sonne blickte auf sie herunter! Die Menschen frohlockten und die Vögel zwitscherten.

In der nächsten Nacht schwang sich der Junge wieder in den Sattel und ritt zur Brücke.

Er band sein Pferd an der Weide an, riß ein zweites Brett von der Brücke ab und warf es in den Fluß. Dann versteckte er sich hinter einem Baumstumpf und harrte der Dinge, die da kamen.

Nach einer Weile vernahm er Hufschläge. Ein zweiter Teufel stellte sich ein. Er trat an die Brücke heran, besah sie sich und polterte los:

„He, wer hat das Brett gestohlen? Komm nur heraus! Komm, zeig dich doch!“

„Hier bin ich!“ Und der Junge trat hinter dem Baumstumpf hervor.

„Warum trachtest du nach Streit mit uns?“

„Gebt den Leuten den Mond zurück.“

„Ohne Prügel wirst du ihn nicht bekommen!“

Der Junge sann nach und erwiderte:

„Wozu das Blutvergießen? Du sollst lieber zu einem Stein und ich zu einem Rammpfahl werden. Du rollst den Berg hinunter und prallst gegen den Pfahl. Wenn der Pfahl zerbricht, dann hast du gesiegt, wenn nicht, dann gibst du den Mond wieder her.“

Gesagt, getan. Ein gewaltiger schwarzer Stein rollte vom Berg und prallte so stark gegen den Rammpfahl, daß der Stein zersplitterte und sich in feinsten Sand verwandelte. Der Junge buddelte aus dem Sand den Mond heraus und jauchzte vor Freude. Doch er brachte den Mond nicht in das kaiserliche Schloß, sondern warf ihn hoch an den Himmel zurück. Überall ging es nun lustig zu. Die Nachtigallen sangen, die Hunde bellten und die Frösche im Sumpf quakten.

Vom Jüngling,
der den Menschen die Sonne,
den Mond und die Sterne
wiedergegeben hat

Der Jüngling schwang sich aufs Pferd und ritt zum Schloß. Vor dem Hexenhaus aber hielt er an und blickte durchs Fenster. Drinnen wurde Draht gesponnen und Zinn gegossen. Eine Hexe legte Karten. Der Huzule verwandelte sich in einen Floh, sprang in die Hütte und hüpfte der Hexe auf den Kopf. Jene murmelte vor sich hin:

„Irgendein Schurke hat diese Nacht wieder einen Teufel umgebracht. Das soll er büßen. Ich befehle der Sonne, daß sie sengt und sticht, ich selbst aber verwandle mich in einen Brunnen auf dem Feld. Wenn er von meinem klaren Wasser trinkt, dann platzt er wie eine Seifenblase."

Der Floh hüpfte sodann aus dem Haus und wurde wieder zu einem Jüngling. Er bestieg das Pferd und sprengte auf das Schloß zu.

In der dritten Nacht begab er sich abermals zur Brücke, riß das letzte Brett heraus und warf es in den Fluß.

Der Teufel ließ nicht auf sich warten. Da kam er auch schon angerannt und brüllte:

„Wer schaltet und waltet hier?"

„Ich bin's." Und der Jüngling trat aus dem Gestrüpp heraus.

„Sag, warum läßt du nicht die Finger von unserer Brücke?"

„Ich will, daß die Sterne wieder am Himmel leuchten."

„Dann laß uns zuerst unsere Kräfte messen."

„Sei vernünftig, Teufel", sprach der Huzule. „Ich habe schon zweien von euch das Genick gebrochen. Dir wird's genauso ergehen. Rück im guten mit den Sternen raus."

„Erst verprügel ich dich."

„Wie du willst. Doch fessel mich lieber mit den stärksten Seilen. Du wirst sehen, daß ich sie wie Spinnweben zerreiße."

Der Teufel fesselte den Jungen mit den dicksten Seilen und machte einen solch dicken Knoten, daß ihn nicht einmal hundert Mann aufbekommen hätten.

„Wenn du die Fesseln nicht zerreißt, dann werf ich dich in den Fluß", drohte er.

„Gut. Dreh dich jetzt um."

Der Teufel wandte sich ab. Der Junge aber, der ein kleines Messer in der Hand hielt, zerschnitt rasch die Seile, befreite sich von ihnen und sprach:

„Schon geschafft!"

Dem Teufel verging vor Angst Hören und Sehen. Er erblaßte und zitterte wie Espenlaub.

„Jetzt fessel du mich", brummte er.

Der Huzule schlang das Seil um den Teufel, wie der Böttcher das Faß umbindet, drehte sich um und rief:

„Fertig, los!"

Der Teufel strengte sich so an, daß ihm beinahe die Augen herausgequollen wären. Er schnaufte, wälzte sich auf dem Erdboden, wetzte den Strick an einem Stein und heulte wie ein tollwütiger Hund. Doch nichts half.

„Du hättest mehr Brei essen müssen, um die Fesseln zu zerreißen", grinste der Junge. „Her mit den Sternen, sonst wirst du den Fröschen im Teich Gesellschaft leisten."

„Du sollst sie haben", fügte sich der Teufel.

„Wo sind sie?"

„Unterm Pferdesattel."

Der Junge holte die Sterne hervor und fing an, sie zu zählen. Lange schichtete er die Sterne in Haufen. Wie viele es waren, kann man jetzt nicht mehr genau sagen, aber der Huzule merkte, daß ein Stern fehlte.

„Wo ist der Stern?" fuhr er den Teufel an.

„Es sind alle da.“

„Du lügst! Einer fehlt. Raus mit der Sprache, sonst kriegst du eine Tracht Prügel!“

Der Teufel begriff — der Huzule war nicht an der Nase herumzuführen. Kleinlaut gab er zu:

„Einen Stern habe ich meiner Liebsten geschenkt, der Hexe.“

Der Junge überlegte nicht lange. Er setzte den gefesselten Teufel auf den Pferderücken, schwang sich in den Sattel und sprengte zur Hexe. Unter dem Fenster lauschten sie, wie die Hexe Karten legte und murmelte:

„Donnerwetter! Auch der dritte Teufel ist verschwunden! Bestimmt hat ihn der Huzule zugrunde gerichtet.“

„Ich bin hier“, rief der Teufel.

„Ach, mein liebster Beelzebub, nur immer herein!“

„Ich kann nicht, Liebling, ich bin gefesselt. Gib dem Burschen den Stern zurück, den ich dir geschenkt habe, damit er mich laufen läßt.“

Der Huzule trat ins Haus. Die Hexe gab ihm den Stern zurück.

„Nimm meinem Liebsten die Fesseln ab“, flehte sie.

„Nein, ich brauche ihn noch.“

Die ganze Nacht hindurch warf der Junge die Sterne hoch in den Himmel, damit jeder wieder an seinem richtigen Platz stünde. Als er damit fertig war, klemmte er den Teufel unter den Arm und fuhr mit ihm in die Hauptstadt.

Die Leute dankten ihm für die Sonne, den Mond und die Sterne. Lediglich die Schankwirte, die kaiserlichen Minister und die Spitzbuben dankten ihm nicht, denn in der Dunkelheit konnten sie leichter ihre krummen Geschäfte machen.

Der Junge nahm dem Teufel die Fesseln ab und sprach:

„He, du Beelzebub, hol alle Schankwirte, Minister und

Spitzbuben herbei. Beschmier sie mit Pech, wälze sie in Federn und führe sie drei Tage und drei Nächte lang auf Jahrmärkten herum."

Hals über Kopf stürzte der Teufel los, um den Befehl auszuführen. Der Jüngling begab sich zum Schloß, trat vor den Thron und sprach:

„Eure Majestät, ich habe alles getan wie versprochen. Die Sonne, der Mond und die Sterne sind wieder an ihrem richtigen Platz. Ich will jetzt fortziehen und meine Mutter holen, damit sie sich die Prinzessin ansieht und sagt, ob sie eine solche Schwiegertochter haben möchte."

„Ich habe nichts dagegen", willigte der Kaiser ein.

Der Huzule brach nach Kolomija auf. Die Sonne sengte und stach. Da erblickte der Jüngling einen Birnbaum mit reifen Früchten, doch er mied den Baum. Der Durst peinigte ihn. Als er den Brunnen mit dem kristallklaren Wasser sah, ging er an ihm vorbei.

Er holte seine Mutter und kehrte mit ihr zum Kaiser zurück. Die Mutter fand an der Prinzessin Wohlgefallen.

Darauf ward Hochzeit in aller Pracht gefeiert.

Das Schilfrohrmädchen

Es lebte einst in einem Dorf ein Waisenkind namens Iwanko. Eine alte Hütte und ein kleiner Acker, das war alles, was ihm seine Eltern hinterlassen hatten.

In demselben Dorf lebte ein Gutsherr namens Stulmorda. Die Leute mieden ihn wie die Pest, weil niemand mit ihm etwas zu tun haben wollte. Einmal blieb der Reiche vor Iwankos Hütte stehen und sprach:

„He, wer bist du?“

„Ich bin Iwanko.“

„Wozu brauchst du die Hütte und noch den Acker?“

„In der Hütte wohne ich, und vom Acker ernähre ich mich. Das ist selbst einem Narren klar.“

Der Herr überlegte und sprach:

„Du kannst mein Kutscher werden. Den Acker nehme ich dir weg. Auf ihn will ich Bienenkörbe stellen.“

„Lieber Herr, habt Ihr denn sonst keine Fluren mehr? Ihr begeht eine schwere Sünde!“

„Sünde hin, Sünde her. Willst du nicht Kutscher werden, dann scher dich weg aus dem Dorf.“

Iwanko buk sich Kartoffelpuffer, legte einige Äpfel in

seinen Beutel und zog fort. Am Ufer des Prut erblickte er einen Kranich. Er trat näher heran, doch der Vogel lief nicht weg. Er berührte ihn und sah, daß ein Flügel gebrochen war. Der Kranich sprach:

„Hilf mir, Jüngling. Ich sitze hier schon fünf Tage lang. Ich bin hungrig, und meine Wunden schmerzen."

Iwanko wusch die Wunde aus, zerriß sein Hemd und verband sie. Darauf fing er im Prut ein Fischlein und fütterte den Vogel. Er wollte ihm noch ein Nest herrichten, doch als er das Schilf berührte, vernahm er eine Stimme:

„Brich mich nicht ab, Jüngling, denn vielleicht kommt noch derjenige, auf den ich warte."

„Wer bist du?"

„Ich bin das Schilfrohrmädchen."

„Auf wen wartest du?"

„Auf meinen Erlöser."

„Laß dich doch sehen!"

Die Stimme erwiderte:

„Ich habe mich schon zweimal sehen lassen. Und was geschah? Beide Jünglinge sind fortgegangen, und bis heute ist keiner zurückgekehrt. Ich darf mich nur noch einmal zeigen."

„Erscheine mir zum letzten Mal. Glaube mir, ich werde dich nicht betrügen."

„Gut. Schau hinauf zum Wipfel des Schilfrohrs."

Plötzlich stand ein wunderschönes Mädchen vor Iwanko. Es war so hübsch wie die erste Frühlingsblume, doch sehr traurig.

„Warum bist du so betrübt?"

„Die böse Hexe hat mich von meinem Vater fortgeschleppt. Sie will, daß ich ihren Sohn, den Riesen heirate. Ich mag ihn aber nicht. Da bin ich fortgelaufen und habe mich hier im Schilf versteckt. Aber die Hexe hat mich ge-

funden und in ein Schilfrohr verzaubert. Um mich zu erlösen, muß man in den Besitz meines Ringes gelangen und ihn auf den Wipfel stecken."

Sodann verschwand das Mädchen. Unser Iwanko fand an der Schönen großes Wohlgefallen. Er beschloß, ihr zu helfen. Er ging zum Kranich zurück und sprach:

„Nun müssen wir uns wohl trennen."

„Wohin willst du?"

„Ich will auf die Suche gehen, doch darüber darf ich nicht sprechen."

„Möge dir das Glück hold sein."

Iwanko streifte durch Fluren und Wälder. Schließlich erblickte er am Rande des Weges eine Hütte und trat ein. In der Diele waren drei Kater an Pfeilern angebunden. Iwanko streichelte sie und gab jedem ein Stück Fisch.

„Miau, miau, miau..." erwiderten sie.

Aus der Stube drang eine Stimme:

„Wer quält euch da?"

„Niemand quält uns. Ein Junge hat uns Fisch gegeben."

„Nur herein, mein Jüngling!"

In der Stube sah Iwanko nichts, weil es stockfinster war. Er schlug Feuer und leuchtete. Auf der Ofenbank lag eine steinalte Frau.

„Es ist gut, daß du nicht an meiner Hütte vorbeigegangen bist, ich habe nämlich schlimme Seitenstiche. Ich habe niemanden, der mir Wasser holt."

„Wasser? Ich hol gleich welches, Großmutter."

„Allein schaffst du es nicht, denn du wirst dich verirren. Binde einen Kater los, und er wird dir mit seinen Augen den Weg beleuchten."

Iwanko ging in die Diele hinaus und fragte:

„Wer von euch geht mit mir Wasser holen?"

„Jeder wird einmal mitgehen", sagte der älteste Kater.

Sie zogen los. Unterwegs erkundigte sich Iwanko: „Sag mal, Katerchen, warum seid ihr angebunden?"

„Das darf ich nicht sagen, denn die Alte verwünscht mich sonst."

Iwanko kochte einen Maisbrei und gab der Alten und den Katern zu essen. Er übernachtete und wollte sich dann auf den Weg machen. Doch die Alte ließ ihn nicht fort:

„Bleib noch ein bißchen, bis meine Kreuzschmerzen vergehen."

Am andern Tag ging Iwanko mit dem zweiten Kater Wasser holen.

„Sag mir, Katerchen, warum seid ihr angebunden?"

„Das darf ich nicht sagen. Ich habe Angst vor der Alten..."

Am dritten Tag ging Iwanko mit dem dritten Kater Wasser holen. Er gab ihm zu trinken, streichelte ihn und gab ihm ein Stückchen Fisch:

„Sag mir, Katerchen, warum seid ihr angebunden?"

„Das darf ich nicht verraten, aber dir sag ich es. Die Alte ist die oberste Hexe. Nachts kommen alle bösen Geister zu ihr geflogen, und sie beratschlagen, wie den Menschen möglichst viel Schaden zuzufügen sei. Heute haben sie wieder eine Zusammenkunft. Aber damit du nichts hörst, wird dir die Alte die Ohren mit Wachs zustopfen. Doch ich werde dir nachher alles erzählen."

„Sag mir noch, Katerchen, haben sie nie über ein Mädchen gesprochen, das zu einem Schilfrohr geworden ist?"

„Jawohl. Die Alte hat sogar gesagt, daß sich schon zwei Jünglinge bei ihr den Ring holen wollten. Aber sie hat die Jungen in zwei Steinblöcke verwandelt. Sie liegen jetzt vor der Hütte. Wenn die Sonne scheint, setzt sich die Alte darauf und wärmt sich."

„Was muß man tun, um ihnen das Leben zurückzugeben?"

„Dazu muß man die Steinblöcke mit dem Wasser aus dem See besprengen, aus dem noch niemand getrunken hat."

Iwanko bereitete das Abendbrot zu, gab der Alten und den Katern zu essen und legte sich schlafen. Die Alte sprach:

„Iwanko, heute nacht wird es furchtbar donnern. Ich will dir die Ohren mit Wachs zustopfen, damit du nicht taub wirst."

Um Mitternacht kamen allerlei Hexen, Gespenster und Teufel herbeigeflogen. Die Hütte war zum Bersten voll. Iwanko holte aus einem Ohr das Wachs heraus und vernahm:

„Mir ist zu Gehör gekommen, daß ein dritter Jüngling das Schilfrohrmädchen befreien will. Doch er soll sein blaues Wunder erleben. Ich habe den Ring im Eisenberg versteckt."

In der Frühe weckte die Hexe den Jüngling und fragte:

„Hast du etwas gehört, Iwanko?"

„Gar nichts, Großmutter, ich habe wie ein Murmeltier geschlafen."

Der Bursche machte sich sodann auf den Weg.

„Ich komm mit", sprach der dritte Kater. „Wir täuschen die Alte. Fang eine Katze und binde sie anstatt meiner an. Die Hexe ist alt und sieht schlecht, sie wird es nicht so schnell bemerken."

Iwanko tat, wie ihn geheißen.

Ob sie nun lange oder erst kurz unterwegs waren, sie standen schließlich auf weiter Flur. Plötzlich dröhnte und donnerte es in der Luft. Der Kater sprach:

„Die Alte holt uns ein. Sie hat sicherlich schon den

Betrug bemerkt. Doch ich bin trotzdem schlauer..."

Er hob ein Erdloch aus und sagte:

„Schlüpf hinein."

Iwanko kroch in das Erdloch und versteckte sich dort mit dem Kater.

Die Hexe flog vorbei und verschwand aus ihrer Sicht.

Iwanko und der Kater krochen aus dem Loch heraus. Sie wanderten den ganzen Tag, und den nächsten, und auch den dritten, und gelangten endlich an eine Höhle. Das Katerchen sagte:

„Hier wohnt ein Zauberer, der auf die Hexe sehr böse ist. Klopf bei ihm an, ich geh unterdessen Mäuse fangen."

Der Zauberer war alt und matt wie eine Fliege im Herbst. Er lag auf seinem Bett und atmete kaum noch. Als er Iwanko gewahrte, sprach er:

„Gut, daß du gekommen bist, Jüngling. Hol Wasser, denn ich kann nicht mehr aufstehen."

Iwanko brachte Wasser, kochte das Mittagsmahl und gab dem Alten zu essen. Worauf ihm der Zauberer erzählte:

„Als ich noch jung war, hatten alle Hexen große Achtung vor mir. Nun aber, da ich alt geworden bin, haben sie mein Zauberbuch verbrannt und mich in diese Höhle geworfen. Ich bin dem Tode geweiht. Doch ich will dir, Jüngling, ein großes Geheimnis anvertrauen. Willst du den Eisenberg finden? Dann hör zu. Nahe meiner Höhle, an deren Südseite, sind Zauberschuhe vergraben. Grabe sie aus und nimm sie mit. Wenn du am Meer anlangst, so wirf sie ins Wasser, und sie verwandeln sich in ein Boot, das dich zum Eisenberg bringt. Dort gibt es einen kleinen See, aus dem noch niemand getrunken hat." Mehr konnte der Zauberer nicht sagen. Er schloß die Augen und starb.

Iwanko bestattete den Zauberer, dann grub er die Zauberschuhe aus und ging mit dem Kater von dannen. Über ein Weilchen erreichten sie das blaue Meer.

Iwanko warf die Schuhe in die Wellen, und aus dem Wasser tauchte ein Boot empor. Sie stiegen ein und schwammen davon. Sie waren den ganzen Tag unterwegs, ehe sie zu einer Insel gelangten. Sobald sie das Ufer betreten hatten, verwandelte sich das Boot wieder in Schuhe.

Die Insel war mit einem dichten Wald bestanden. Die riesigen Bäume ragten bis in den Himmel empor.

Das Katerchen kletterte auf den höchsten Baum, hielt nach allen Seiten Ausschau und rief:

„Iwanko, der Eisenberg ist ganz nahe."

Sie liefen in die vom Kater gewiesene Richtung. Vor dem Berg verbargen sie sich im Dickicht und spähten nach dem Eingang. Sie schwiegen, und auch der Berg stand stumm da. Plötzlich fing der Berg an zu knarren und öffnete sich. Zwanzig junge Mädchen mit Körbchen in den Händen kamen heraus.

„Guten Tag, liebe Mädchen", grüßte sie Iwanko. „Wohin geht ihr?"

„Beeren sammeln. Wer bist du?"

„Ich bin zu euch zu Besuch gekommen."

„Wir empfangen keinen Besuch, das ist verboten. Wenn dich unser Herr, der Riese, sieht, so wird dir die Lust vergehen, Besuche abzustatten."

„Wer seid ihr denn?"

„Die Gefangenen des Riesen."

„Warum läßt er euch dann allein Beeren pflücken?"

„Weil man von dieser Insel nicht fliehen kann. Es gibt nur ein einziges Boot, das die hiesigen Wellen tragen."

„Und wo ist dieses Boot?"

„Bei einem Zauberer, der irgendwo in einer Höhle sein Leben beschließt. Nichts ist geschwinder als jenes Boot."

Iwanko sammelte mit den Mädchen Beeren und erzählte ihnen, wie schön es sich dort lebt, wo viele Leute sind und wo es ein solch wildes Dickicht gar nicht gibt.

Darauf fragte er:

„Wißt ihr nicht, wo der Riese den goldenen Ring versteckt hat?“

„In einem goldenen Kästchen. Und der Schlüssel von dem Kästchen steckt in seinem linken Ohr. Selbst wenn du in den Besitz des Rings gelangst, wirst du sowieso sterben müssen. Der Riese tötet dich, sobald er erwacht. Er ist stärker als dieser Berg!“

„Und was muß ich tun, um den Ring zu kriegen?“

„Zuerst mußt du das Schlüsselchen aus dem linken Ohr des Riesen herausholen und dann dessen Lebensbuch verbrennen, das auf dem Tisch liegt.“

Die Mädchen hatten schon volle Körbchen. Als sie heimgingen, öffnete sich der Berg. Von den Mädchen umringt, gelangte der Junge in das Innere des Berges.

Der Riese schlief in einem gewaltigen Saal. Er schnarchte so fürchterlich, daß der ganze Berg zitterte.

Iwanko schlich sich an den Riesen heran und zog ihm das goldene Schlüsselchen aus dem linken Ohr heraus. Danach nahm er den Feuerstein aus der Tasche, schlug Feuer und zündete das Lebensbuch des Riesen an, das auf dem Tisch lag.

Im großen Saal stieg ein Qualm auf, der schwarz war wie die Nacht. Der Riese begann zusammenzuschrumpfen, dann verschwanden seine Beine, danach der Körper, die Arme und der Hals. Ein Stück des Buches, das nur schwelte, fiel zu Boden und erlosch. Und da standen die Augen des Riesen auf und irrten im Saal umher. Iwanko trat aus einer dunklen Ecke hervor, ging auf das goldene Kästchen zu, öffnete es und holte den Ring heraus. Die

Augen des Riesen schwebten die ganze Zeit über ihm, doch Iwanko kannte keine Furcht. Er öffnete die Tür und rief:

„Liebe Mädchen! Bringt mir einen Krug, damit ich aus dem See, aus dem noch niemand getrunken hat, Wasser schöpfen kann."

„Hier hast du einen Krug", sprachen die Mädchen.

Das Katerchen führte den Jüngling zum See. Sie schöpften Wasser. Und da sprach der Kater:

„Du mußt fliehen, ehe die Hexe die Nachricht vom Tode ihres Sohnes erfährt. Sie wird noch so manches Unheil anrichten."

Sie traten vor das gruselige eiserne Tor.

„Iwanko, poche dreimal mit dem goldenen Schlüsselchen dagegen."

Iwanko klopfte, und das Tor öffnete sich. Iwanko, der Kater und die Mädchen liefen zum Meer hinunter. Die Augen des Riesen folgten ihnen.

Iwanko warf die Zauberschuhe in die Wellen. Und wieder tauchte das Boot aus dem Wasser empor. Sie alle stiegen ein und stachen in See. Iwanko drehte sich um. Am Ufer glänzten die Augen des Riesen. Aus ihnen kullerten faustgroße Tränen und fielen ins Meer.

Als das andere Ufer erreicht war, liefen die Mädchen auf die grüne Flur hinaus. Der Jüngling steckte sich die Zauberschuhe ins Hemd und sprach:

„Nun könnt ihr Schönen nach Hause gehen, wir aber, der Kater und ich, haben einen anderen Weg."

Die Mädchen dankten dem Burschen und trennten sich von ihm.

Iwanko begab sich zum Hexenhaus. Er besprengte die beiden Steinblöcke mit dem Wasser aus dem See, aus dem noch niemand getrunken hat. Die beiden Jünglinge wachten wie aus einem tiefen Schlaf auf.

„Wir müssen wohl lange geschlafen haben“, sprachen sie.

„Oh, und ihr hättet den Sonnenaufgang und die ganze Welt verschlafen, wenn ich euch nicht mit dem Wasser aus diesem Krug erweckt hätte. Geht nach Hause, Jungen. Die Hexe ist nun machtlos.“

Die Burschen brachen auf. Iwanko jedoch ging mit dem Katerchen zum Schilfufer. Dort steckte er den Ring auf den Wipfel eines Schilfrohrs.

Der schlanke Stengel begann sich zu biegen, und an seiner Statt stand plötzlich ein Mädchen da, das so hübsch war wie die erste Frühlingsblume.

Iwanko sprach:

„Ich werde keinen einzigen Tag ohne dich leben können. Werde meine Frau!“

Das Mädchen reichte ihm den Goldring, und sie brachen zu ihrer Mutter und zu ihrem Vater auf. Diese waren redliche Huzulen, die sich nach ihrer einzigen Tochter schon die Augen ausgeweint hatten.

Und ganz bestimmt wurde dann Hochzeit gefeiert. Das Katerchen aber, das lebte vergnügt bei dem Paar, spann goldene Fäden und erzählte Märchen.

INHALT

DAS WUNDER DES STEINBERGES 3
DIE DIAMANTENE MAUER 11
DIE DREI KÖRNER UND IHRE GABEN 24
BRÜDERCHEN PILZ
UND SCHWESTERCHEN BEEREN 31
DIE WEISSE ROSE 42
VON DEM UNSTERBLICHEN 49
DER DIENST FÜR DREI FLADEN 56
LUZIFERS TOCHTER 61
VOM JÜNGLING,
DER DEN MENSCHEN DIE SONNE,
DEN MOND UND DIE STERNE
WIEDERGEGEBEN HAT 70
DAS SCHILFROHRMÄDCHEN 80

ЧУДО КАМЕННОЙ ГОРЫ

Украинские
народные сказки
зеленых Карпат

(На немецком языке)

Киев,
издательство художественной
литературы
«Днипро», 1987